Burghard Zacharias

Ostafrika - Sequenzen

Otto on Tour in Kenia und Tansania/Sansibar

4 Wochen in Ostafrika
11.11.2010 - 10.12.2010

Streiflichter einer Individualreise in bekannte und weniger bekannte Gebiete von Kenia und Tansania/Sansibar.

Umschlaggestaltung und Einbringen von Bildern in den Text: Dr. Burghard Zacharias

ISBN 978-3-347-18059-8   (2. Auflage, Paperback)
ISBN 978-3-347-18060-4   (2. Auflage, Hardcover)
ISBN 978-3-347-18061-1   (2 .Auflage, E-Books)
ISBN 9783848206445   (1. Auflage)

Verlag & Druck: tredition GmbH, Halenreie 40-44, 22359 Hamburg

Vorwort

Jambo[1].

In „Vision Kilimanjaro" habe ich die Besteigung des Mt. Kenia und des Kilimanjaro sowie meine Erlebnisse beim Durchqueren der Serengeti, des Arusha Nationalparks und an Kenias Küste beschrieben. **„Ostafrika Sequenzen"** ist die dem gesellschaftlichen Fortschritt in Kenia und Tansania/Sansibar Rechnung tragende Aktualisierung[2] von „Vision Kilimanjaro" auf Basis meiner Erlebnisse vom 11.11.2010 bis 10.12.2010 in Ostafrika, inklusive Sansibar mit Abstecher über die Usambaraberge (siehe u. a. Anlage 5.5 Reiseetappen).

Aus rein pragmatischen Gründen habe ich die Tage vom 1.12.10 bis 4.12.10 als in sich geschlossene Anlage zu „Ostafrika Sequenzen" in Form eines eigenständigen Buches „Safaris im Minutentakt" zusammengefasst.

„Safaris im Minutentakt" vermittelt charakteristische Informationen zu den Nationalparks Tsavo Ost und Tsavo West sowie den Amboseli Nationalpark, das Ganze vervollständigt um den bereits in „Vision Kilimanjaro" in gleichem Stil geschriebenen Gliederungspunkt „5.7. Ein Tag im Ngorongoro-Krater". Die Textfassung führt den Leser minutengenau aufgeschlüsselt durch das Geschehen. Grafiken in der Art von Abb. 11 vermitteln einen zusätzlichen visuellen Eindruck.

Damit bilden nunmehr „Vision Kilimanjaro", „Ostafrika Sequenzen" und „Safaris im Minutentakt" ein aus drei Teilen bestehendes Ganzes.[3]

Soll eine Individualreise nicht zu gehäuften unliebsamen Überraschungen führen, ist es unabdingbare Voraussetzung, ein von Profis verfasstes Reiseführerbuch vor Fahrtbeginn sehr genau zu studieren und es unterwegs immer in der Tasche zu haben.

---

[1] Suaheli, auf Deutsch „Guten Tag".

[2] Damit verbunden ist „Vision Kilimanjaro" in gestraffter Form 2012 in zweiter Auflage im Buchhandel erschienen.

[3] Erhältlich
- im Buchhandel bzw. Internet, z. B. bei www.amazon.de , www.buecher.de , www.libri.de , ...
  bei Angabe/Eingabe von Titel und/oder Name des Autors

- bei Dr. Burghard Zacharias, Pareyer Str. 3, 14715 Havelaue OT Gülpe,
  E-Mail: info@burghard-zacharias.de (Siehe auch Fußnote auf folgender Seite sowie www.burghard-zacharias.de).

Zudem ist heutzutage natürlich jeder gut beraten, der sich tagaktuell im Internet nach länderspezifisch Aktuellem umschaut,z. B. bzgl. der Umtauschkurse. [4]

Die drei Bücher „Vision Kilimanjaro", nun fortgeführt mit „Ostafrika-Sequenzen", inklusive „Safaris im Minutentakt". in Einheit gesehen und ergänzt um eine bei Dr. Burghard Zacharias bestellbare CD / DVD „Ostafrika-Sequenzen"[5] verstehen sich als maßgeschneiderte Komplettierung handelsüblicher Reiseführer für Kenia und Tansania, sozusagen als Punkt auf dem „i", einfach deshalb, weil man in ihnen Verhaltensregeln für Situationen findet, die in „normalen" Reiseführern aus unterschiedlichen Gründen umgangen werden.

Es ist meine Hoffnung und Erwartung, dass der Leser interessiert meinen Fußspuren folgt und sich dabei auf emotional geführte Art en passant wichtige, einen Reiseführer ergänzende Informationen einprägt, die ihm helfen, in brenzligen Situationen unbeschadet über die Runden zu kommen bzw. gar nicht erst in solche zu geraten.

---

[4] **Umtauschkurse zum Startzeitpunkt der Reise (am 12.12.2000)**

Kenianischer Schilling (KES)	1 **DM**	=	47,56 **KES**	also ca. 1 :	**50**
Tansanischer Schilling (TZS)	1 **DM**	=	475,31 **TZS**	also ca. 1 :	**500**
US$	1 **US$**	=	1,66 **DM**	also ca. 1 :	**1,5**

Umtauschkurse Ende Okt/2020 (am 25.10.2020)

Kenianischer Schilling (KES)	1 **EURO**	=	129,11 **KES**	also ca. 1 :	**125**
Tansanischer Schilling (TZS)	1 **EURO**	=	2.744,64 **TZS**	also ca. 1 :	**2.500**
US$	1 **US$**	=	0,84 **EURO**	also ca. 1 :	**0,8**

[5] Obwohl „Vision Kilimanjaro" allein schon 127 Abbildungen enthält, waren bei mir nach Erscheinen des Buches Leseranfragen nach weiterem Bildmaterial eingegangen, die mich letztlich bestärkt hatten, ergänzend zu „Vision Kilimanjaro", „Ostafrika-Sequenzen", „Safaris im Minutentakt" eine CD / DVD bereitzustellen.

Das ist nunmehr geschehen. In Erkenntnis dessen habe ich den Buchtext von „Ostafrika – Sequenzen" / „Safaris im Minutentakt" und die CD / DVD von vornherein als eine in sich geschlossene Einheit konzipiert und gestaltet. So war es möglich, den Buchtext zu straffen, ohne die visuelle Darstellung zu vernachlässigen.

Die kostenlose CD / DVD ist ausschließlich bei Dr. Burghard Zacharias [!! nicht im Buchhandel] erhältlich, Kontaktdaten wie Adresse, Telefon, E-Mail siehe www.burghard-zacharias.de. Schickt der Interessent einen Stick an Dr. Zacharias, sendet dieser den Stick, die entsprechenden Dateien darauf gespeichert, gern zurück.

Von mir auf YouTube eingestellte, u.a. bei Stichworteingabe „burghard zacharias" schnellstens zu findende Videos runden die Textaussagen meiner Reisetagebücher visuell ab; es sind insbesondere die Videos: „Löwen in der Serengeti", „Elefanten in Tsavo Ost", „Kilimanjaro - Aufstieg und manches mehr", „Mt. Kenia Sirimon Route zum Point Lenana", „Weihnachtsgruß aus den Tropen".

Inhaltsverzeichnis

ABBILDUNGSVERZEICHNIS

Im Text

Gesonderter Anhang

In „Ostafrika Sequenzen" enthaltene bildliche Darstellungen erheben keinen Anspruch auf Professionalität. Vergleichbares ist andernorts in höherer Qualität zu finden - „Fotos" in diesem Buch sind aus mit digitaler Handkamera aufgenommenen Filmen herausgeschnitten; oft aus fahrenden Fahrzeugen aufgenommen bzw. wegen der inneren Bewegung im Bild zum Zeitpunkt des „Fotoschnitts" sind sie fallabhängig mehr oder weniger unscharf. In der Hoffnung, ja eigentlich in der Erwartung, dass sie selbst mit dieser Einschränkung, und gerade mit dieser Einschränkung, das geschriebene Wort deutlich vertiefend einen natur- und wirklichkeitsnahen Eindruck vom Geschehen ermöglichen, sind sie gezielt in die Textfassung übernommen.

(Siehe diesbezüglich auch Fußnote 5:Verweis auf von mir bereitgestellte Videos sowie CD /DVD.)

1. Ausgangssituation

Abb. 1 Vision Kilimanjaro

Meine Expedition Ende 2010 nach Kenia und Tansania hatte erklärtermaßen zum Ziel,

1.im Reisetagebuch „Vision Kilimanjaro" [Fassung aus dem Jahre 2008][6] bzw. der dazugehörenden CD/DVD enthaltene Informationen, die dem Zeitenwandel unterliegen, zu aktualisieren,

2.über den Rahmen der Fassung aus dem Jahre 2008 hinaus weitere touristische Schwerpunktziele zu erkunden und für den Leser als unterhaltsam und informativ gestaltete Reiseführerergänzung aufzubereiten.

2. Reisevorbereitungen

1. Aktuellen Reiseführer jeweils für Kenia[7] und für Tansania[8] gekauft und studiert. Ich hatte im Internet gesucht und mich letztlich für die Bücher lt. Fußnoten entschieden. Orientierungsgrößen dabei waren

    -   den zwischenzeitlich gewandelten gesellschaftspolitischen Bedingungen Rechnung tragende Aktualität,

    -   Preis-/Leistungsverhältnis.

    Ich kann nach Abschluss der Reise konstatieren, dass die in der Fußnote dieser Seite aufgeführten Bücher meine Erwartungen erfüllt haben.

---

[6] ISBN Nummer: 9783837016901

[7] Trillo, R.: Kenya, Stefan Loose Verlag, Berlin 2003

[8] Kaube, D.E.: TANSANIA, 1. Auflage, Stefan Loose Verlag, Berlin 2008

2. Im Internet über Reisevermittlungsagentur[9] Flug sowie Unterkunft für die ersten Tage Aufenthalt in Kenia gebucht - Flugpreis: 763,80 €, Übernachtungen vom 12.11-14.11.10 im Kilifi Bay Beach Resort (HP) 90,- € sowie vom 14.11.-19.11 im Travellers Beach Hotel (HP) 180,- €, Transfer von Mombasa nach Kilifi: 26,- €.

3. Tabletten, Salben und Tinkturen eingekauft[10] und Impfungen wiederholt, deren Wirkungsdauer zum Startzeitpunkt der Reise überschritten war.

4. Bekleidung und sonstige Ausrüstung[11] wohlgeordnet bereitgelegt. Hierbei meine Erfahrungen der Reise lt. „Vision Kilimanjaro" beachtet und aktuelle Reiseführer (siehe Fußnote zu Punkt 1. dieser Aufzählung) zu Rate gezogen.

5. Auf die PC POINT Computer- und Datendienst GmbH bezogene Aufgaben festgelegt und Urlaubsvertretung gesichert.

6. Reiseschecks gekauft und Bargeld ($) eingetauscht.

---

[9] Meine aktuelle Vorzugsvariante ist www.reisegeier.de .

[10] Eine gute Übersicht zur benötigten Reiseapotheke siehe Kaube, D. E.: TANSANIA, 1. Auflage, Stefan Loose Verlag, Berlin 2008, Seite 63 sowie Burghard Zacharias in „Vision Kilimanjaro", Teil Anlagen, die Tabelle 1 „Medizinkosten".

[11] Siehe u. a. Kaube, D.E.: TANSANIA, 1. Auflage, Stefan Loose Verlag, Berlin 2008, Seiten 59-61 (Ausrüstung allgemein), Seite 323 (Packliste für Kilimanjaro-Besteigung) sowie Burghard Zacharias in „Vision Kilimanjaro" Teil Anlagen, die Tabelle 2 „Reiseausrüstung".

3. Die Reise

3.1. Kilifi

__11.11.10__

Für Einreise aus dem „Gelbfieberland" Tansania[12] nach Kenia ist der Nachweis einer Gelbfieberimpfung erforderlich.

Mir war vor Reiseantritt klar, dass meine aktuelle Gelbfieberimpfung am 3.12.2010 zehn Jahre alt ist und in etwa ab diesem Termin allgemein als unwirksam betrachtet wird. Ich musste mich also für den Fall absichern, dass mich überkorrekte Beamte an der Grenze abweisen würden, falls ich nach dem 3.12.10, aus Tansania kommend, wieder in Kenia einreise. Die Konsequenzen in einem solchen Fall für meinen Rückflugtermin bzw. bei einer Nachholimpfung in Tansania erschienen mir nicht kalkulierbar. Deshalb bin ich nach vorhergehender Terminvereinbarung bei Anreise zum Flughafen in einem Ärztehaus in Tegel vorstellig geworden (siehe Anlage „Gelbfieber Impfbestätigung").

Mit meiner Tochter hatte ich abgestimmt, dass sie mein Auto am Flughafen übernimmt. Das hat geklappt und mir 69,- € Parkgebühr erspart.

Nicht geklappt hat mein Vorhaben, das Gewicht des Handgepäcks minimal zu halten. Mein voller Koffer wog 2 ½ Kilo zu viel. „Lassen wir es darauf ankommen", entschied ich. War ein Fall von „Denkste". Beim Einchecken wurde das prompt festgestellt und beanstandet à Schwere Sachen umpacken ins Handgepäck. Dabei greife ich auch meinen Waschbeutel, ohne an die Schere darin zu denken. Minuten später stellt die Sicherheitskontrolle beim Durchleuchten fest: Die Schere ist größer als erlaubt. Meine Tochter steht noch winkend an der Sperre; ihr kann ich die Schere geben und damit für die Familie "retten".

Das Flugticket hatte ich individuell über Internet geordert, der Einfachheit wegen und um mir einen Sitzplatz zu wählen, neben dem noch Plätze frei sind. Meine Hoffnung geht auf. Das bleibt bis zum Start der Maschine so; ich kann mich unterwegs zum Schlafen hinlegen.

Abflug pünktlich 20.15 Uhr vom Flughafen Berlin-Tegel, Ziel Mombasa. Irgendwann unterwegs stelle ich die Uhr zwecks Anpassung an Kenia-Zeit zwei Stunden vor.

---

[12] Aus dem „Nichtgelbfieberland" Deutschland ist das nicht erforderlich.

12.11.10

Landung in Mombasa um 6:20 Uhr Ortszeit. Ein Shuttle-Bus bringt mich nach Kilifi. Kurz vor 10:00 Uhr komme ich im Hotel Kilifi Bay Beach Resort an. Das ist gerade noch ausreichend, um mein Zimmer beziehen und Frühstück abfassen zu können.

Offenbar hatte ich im Flugzeug trotz der von mir organisierten idealen Liegebedingungen doch nicht fest geschlafen, denn nach dem Frühstück bin ich hundemüde. Ich lege mich „mal kurz" aufs Ohr. Als ich um 15:10 Uhr aufwache ist klar, dass ich den ersten Tag meines Urlaubs so gut wie „verpennt" habe.

Die verbleibende Zeit verbringe ich mit Hotelrundgang, Testen des Wassers im Ozean / der Bademöglichkeiten insgesamt, Abendessen.

Das Hotel entspricht den Internet-Angaben: Rustikal im Lamu-Stil erbaut, Haupthaus leicht von der Straße zurückgesetzt - von dort bis zum Strand stehen die Gästebungalows unter Schatten spendenden Bäumen, dazwischen der obligatorische Swimmingpool. Positiv registriere ich: Massagen sind im Hotelpreis inbegriffen.

Schwimmen im Meer ist nur bei Fluthöchststand möglich. Bei Ebbe kann man weit hinaus bis an die Riffkante waten. Den Strand überdecken angeschwemmte Algen, so dass der darunter liegende feine weiße Sand bedauerlicherweise nur ansatzweise positiv zur Geltung kommt.

Das Wasser im Ozean ist bis zur Riffkante hin sehr warm und ausgesprochen trüb mit einer Sichtweite von etwa 40 cm. Im Pool ist das Wasser sauber und geringfügig kälter als im Meer.

13.11.10

Den Vormittag des Eingewöhnungstages fülle ich, da gerade Flut ist, abwechselnd mit Baden im Meer und im Pool aus. Ein richtiges Highlight ist das Schwimmen in dem trüben Wasser des Ozeans nicht.

Zwischenzeitlich lasse ich die hoch im Zenit stehende Sonne erstmals an meine Haut heran. Letzteres bewusst nicht allzu lange - ich habe schließlich aus Fehlern[13] gelernt.

Um 11:30 Uhr bestelle ich ein TukTuk zwecks

---

[13] Sie sind ausführlich in „Vision Kilimanjaro" beschrieben.

1. Stadtrundfahrt durch Kilifi.
2. Besuch bei der rüstigen Rentnerin[14]
3. Suche nach Atiya[15]

Erkenntnis aus Punkt 1.: Kilifi hat sich gegenüber 2001 so gut wie nicht verändert.

Zu den Punkten 2. und 3. zitiere ich aus einer E-Mail an meine Lebensgefährtin nach Deutschland.

[Zitat Beginn] Sicher erinnerst Du dich noch an die rüstige Rentnerin, die ich 2000 hier getroffen hatte. Ich hatte Dir von ihrem Hausbau und ihrem 28-jährigen schwarzen Partner erzählt, ...

In ihrem nunmehr fertigen Haus habe ich sie heute besucht. Außerdem, es ist kaum zu fassen: Ich habe Atiya wiedergefunden.

O.k., der Reihe nach.

Im Kopf waren mir lediglich ein unscharfes Bild vom Rohbau und eine grobe Vorstellung von dem Platz verblieben, wo das Haus der Rentnerin in der Nähe des Bandari Fishing Clubs[16] steht. Zwecks Feinorientierung hatte die Eigentümerin mir jetzt im November, ein paar Tage vor Abflug, per E-Mail mitgeteilt, dass ein großes grünes Tor die Einfahrt deutlich markiert.

Atiya hatte ich seit 2002 ja nun gänzlich aus dem Auge verloren. Es war mir klar, dass sie zwischenzeitlich sonstwohin in das große Kenia hätte verzogen sein können; mein Bauchgefühl sagte mir, dass sie noch in Kilifi/Mnarani lebt.

Irgendwie kribbelig das Ganze. „Na und" dachte ich, „na und, Lanze eingelegt, Augen zu und durch!" Kommt Dir das bekannt vor?

---

[14] Wir waren uns 2000 im Bandari Fishing Club begegnet und haben E-Mail- Kontakt bis heute gehalten. Über keniatypische Randbedingungen ihres Hausbaus habe ich in Vision Kilimanjaro recht ausführlich geschrieben.

[15] Atiya war mir vor 10 Jahren „über den Weg gelaufen". Mit ihr als „Reiseführerin" konnte ich vor Ort Erkundigungen mit vielen, mir andernfalls nicht zugänglichen Hintergrundinformationen betreiben.

[16]In der Pension hatte ich vor 10 Jahren ein Zimmer gemietet. Der damalige Chef (Deutscher) und seine Frau (schwarze Kenianerin) haben sich getrennt. Er wohnt nicht mehr dort; sie führt jetzt das Geschäft.

Nach Rundfahrt durch Kilifi mache ich mich auf die Suche. Ich lasse mich auf die andere Seite des Creeks, nach Mnarani, chauffieren. Als Ziel gebe ich dem TukTuk – Fahrer zuerst den Bandari Fishing Club vor, kennt er aber nicht. Mhmrrrmhm?! Also gut, dann bitte bis zur Mitte des Ortes.

Dort angekommen, stehen sofort Leute um uns herum, vor allem Jugendliche und Kinder. Das gefällt mir schon mal sehr gut. War ich doch auf die superschlaue Idee gekommen, mich mittels Nutzung von „Vision Kilimanjaro" an den Kern meines Zieles durch Herumfragen heranzutasten - Trial and Error. Und stell Dir vor, das hat funktioniert.

Laut in die Runde frage ich: „Wer weiß, wo der Bandari Fishing Club ist? Wer kennt diese Frau?". Ich zeige ein Foto, auf dem Atiya abgebildet ist und lasse es herumgehen.

Ratlose Gesichter in der Runde, Getuschel, dann eine Stimme „Ich" meldet sich ein junger Mann, „ich weiß wo Atiyas Schwester wohnt, und auch den Bandari Club kenne ich".

Sicher nicht schwer für Dich, meine Reaktion zu erraten: Na klar, ich habe innerlich gejubelt, mir symbolisch auf die Schulter geklopft und „Also los" gesagt, „führe mich". Schnell noch den TukTuk-Driver entlohnt und dann per pedes dem Jüngling hinterher. Er führt mich zu einem Etwas mit vier Wänden und einem Dach darüber. „Arm ist ja gar nichts hier in Mnarani", geht es mir durch den Kopf. „Da hat sich in den letzten zehn Jahren so gut wie nichts getan, und diese Hütte setzt dem Ganzen noch die Krone auf".

Eine junge Frau mit Baby auf dem Arm empfängt uns. Ich reibe mir die Augen. „Die Frau kennst Du doch!?!"; genau, es ist Atiyas Schwester. Sie erkennt mich auch und „Hallo" und Umarmung und „Wie geht es Dir? Möchtest Du etwas zu trinken?" Der Rest ist Verlegenheit.

Also, wir schwatzen ein wenig miteinander und ich erfahre, dass Atiya zurzeit in Kilifi wohnt.

„Kein Problem", meint ihre Schwester, „ich sage ihr Bescheid. Sie wird dann gegen 17:00 Uhr bei Dir am Hotel sein. Ist das o.k.?"

Es ist o.k. Etwas Besseres fällt mir auch nicht ein. Wir verabschieden uns.

Mein Führer stakst zielgerichtet in Richtung Küste los. Wir kommen ins Gespräch, reden über aktuelle Tagesereignisse, über die Armut in Kenia und, natürlich, speziell über seine ausgesprochen harten Lebensbedingungen.

Plötzlich sage ich: „Stopp, stopp!" Links am Rand der ungepflasterten Straße versperrt ein knallig grün gestrichenes, starkes eisernes Tor den Durchgang zu einer bestens in Schuss gehaltenen Gartenanlage mit schickem Haus darauf. „Das ist es, das ist es doch!", schreit es in meinem Kopf.

Ich klingele. Ein Mann, Ende Vierzig, öffnet die Tür. Es ist A.[17]. Stürmische Begrüßungszeremonie, na klar, und A. bittet mich herein.

Als ich mich bei meinem Guide mit einem 5,- € Schein bedanken will, lehnt er ab. Was denn das für ein Hungerlohn sei, will er wissen und schaut mich herausfordernd an. 50,- €, ja, das wäre in Ordnung. Mein Mund bleibt überrascht offen. Mit großen Augen Rat suchend wende ich mich an A. Sein Statement ist kurz und klar: „Der Kerl ist mehr als unverschämt. Bei der Armut hier sind 5,- € eine fürstliche Belohnung für eine Führung, die nicht ganz eine Stunde gedauert hat".

Wieder strecke ich dem jungen Mann meine Hand mit den 5,- € entgegen. Abrupt dreht er sich um und trollt sich unbezahlt von dannen, wütend vor sich hin schimpfend. Mir einen Reim darauf zu machen bin ich bis jetzt überfordert.

Der Rest ist schnell erzählt. Der Rentnerin geht es gut. Mittlerweile über 70 Jahre alt, fühlt sie sich ausgesprochen wohl in ihrem großen, schönen Haus. Ihre Entscheidung, sich im Alter in Kenia sesshaft zu machen, bereut sie in keinster Weise. „Zur Nachahmung empfohlen", verkündet sie.

Um sie herum wuselt ein schwarzer, gut aussehender Mann - etwa vierzig Jahre alt. Er hält Haus, Hof und Garten in Schuss, und er kocht exzellent. Das kann ich, nachdem wir zu Mittag gegessen haben, 100-prozentig bestätigen. Beim Essen sitzt er an ihrer Seite.

„Den Bandari Fishing Club[18] vergiss. Er ist total heruntergewirtschaftet", diese Information bekomme ich am Mittagstisch nebenbei mitserviert.

A. hat eine neue schwarze, ausgesprochen hübsche Freundin. Sie war zu Mittag mit anwesend.

Wenn alles plangemäß verläuft, wirst Du A. im Sommer nächsten Jahres kennenlernen. Er hat zugesagt, uns in Gülpe auf einen Abstecher zu besuchen, wenn er arbeitsbedingt nach Dänemark fahren wird.

---

[17] A ist Europäer. Er wohnt gerade wieder für sechs Monate hier in Kenia. Die andere Hälfte eines Jahres arbeitet er in Europa.

[18] In „Vision Kilimanjaro" widme ich diesem „deutschen" Anglerclub und seinen Gästen viele interessante, informative Seiten. Nun ja, es war einmal.

Zu 17:00 Uhr hat mich A. mit seinem Auto zum Hotel gefahren.

Ich kann es immer noch nicht richtig fassen: Atiya winkt uns entgegen, als wir ankommen. Im Tragetuch auf dem Rücken schläft ihr sechs Wochen altes drittes Kind.

Nach überschwänglicher erster Begrüßung ziehe ich mich mit Atiya in eine gemütliche Sitzecke im Eingangsbereich des Hotels zurück. Beide haben wir viele Fragen und gedanklich tastend bewegen wir uns in kleinen Schritten aufeinander zu.

Unter anderem frage ich nach Ihrem Alter. „25", sagt sie. Habe ich doch vor zehn Jahren mit meiner Entscheidung, ihr die behaupteten 17 Jahre nicht zu glauben, richtig gelegen. Das hätte ganz schön ins Auge gehen können, warum, hast Du ja in „Vision Kilimanjaro" gelesen.

Ihr ältestes Kind ist sieben Jahre alt. Viel Zeit war ihr also nicht gegeben, ihre Jugend als Single zu erleben. Mit dem Kindsvater hat sie eine gemeinsame Wohnung. Er kommt allerdings nur am Wochenende nach Kilifi, da er in Mombasa im Hafen als Hilfsarbeiter beschäftigt ist und dort auch eine Unterkunft hat. Im nächsten Jahr will sie mit den Kindern nachziehen.

Zwischenzeitlich wurde das Baby unruhig. Es signalisierte „Hunger!", ohne dabei laut zu werden. Atiya reagierte sofort und legte es unbeeindruckt von der Öffentlichkeit an die Brust zum Stillen. Hakuna Matata[19].

Nach knapp einer Stunde haben wir uns getrennt.

Zuvor hatte ich Atiya für kommenden Dienstag zum Essen in die Gaststätte eingeladen, in der wir, zehn Jahre zurück, mehrfach gespeist hatten. Das hat sie erkennbar freudig angenommen.

Ich erinnerte mich, wie sie vor zehn Jahren gern mit mir in einem Restaurant gegessen hatte. War das doch ihre einzige Chance, wieder einmal so richtig satt zu werden – und zwei Flaschen Bier gehörten „pflichtgemäß" dazu.

Als wir uns verabschiedeten, hielt ich 20,- Dollar[20] in meiner ihr hingestreckten Hand. Du kannst gar nicht so schnell schauen, wie das Geld „im Handumdrehen" in ihrer Tasche verschwunden war. *[Zitat Ende]*

---

[19] Suaheli, auf Deutsch „Kein Problem"

[20] Da ich nicht weiß, was sie braucht, habe ich bewusst kein Geschenk gekauft gehabt, sondern darauf vertraut, dass ich mit barem Geld die größere Freude bereite.

14.11.10

Aufs Schwimmen im Meer verzichtet – zu viel Schlick am und im Wasser. Außerdem leichter Regen. Frühsport, Erfrischung im Pool, Dusche, Frühstück und dann Start zu einem Strandspaziergang.

Bereits gestern hatte ich festgestellt: „Das Hotel liegt nördlich außerhalb von Kilifi. Da muss doch hier in der Nähe die Höhle sein, zu der ich 2001 eine Bootstour gebucht hatte". Das will ich jetzt überprüfen.

Kaum Algen am Strand, es läuft sich herrlich im feinkörnigen warmen weißen Sand. So sah es vor zehn Jahren an der Höhle auch aus. Ich unterstelle, dass der Strand bis zur Höhle so bleibt, ich zügig laufen kann, demzufolge auch nicht ewig brauchen werde und lasse Sandalen sowie T-Shirt im Hotelzimmer liegen. Schließlich will ich unbeschwert genießen, nicht Unnützes schleppen! Mutterseelenallein stapfe ich barfuß und mit freiem Oberkörper los.

Nach ca. 500 m Weges werde ich zur Zielscheibe eines Beachboys. Sitzend am Übergang vom flach abfallenden Strand zum Steilufer muss er mich schon von weitem ins Visier genommen haben. Er kommt schräg von vorn auf mich zu, will mich in ein Gespräch verwickeln. Ich verhalte mich abweisend. Da bleibt er ca. 15 m zurück. In dieser Entfernung folgt er mir an diesem menschenleeren Strand, unbeeindruckt von meinen abweisenden Gesten.

Der Weg wird schlechter und schlechter, stellenweise liegt kaum noch Sand. Vom Wasser teilweise abgeschliffener, teils gefährlich scharfkantiger, gezackter grauer Korallenboden kommt zum Vorschein. Ich beginne zu balancieren und fürchte bei jedem Schritt, abzurutschen und mir die Füße aufzureißen. In der Ferne ist die Höhle zu erkennen.

300 m vor dem Platz, an dem wir zehn Jahre zuvor so romantisch gesessen hatten, will ich das Handtuch schmeißen und aufgeben. Da !!! Plötzlich steht der Beachboy neben mir und bietet mir seine Sandalen an. Ich gehe darauf ein. So komme ich letztlich doch noch ans Ziel und der Beachboy zu seinem erhofften Obolus.

Ich filme die Höhle und den Strandabschnitt. Mein Filmkommentar ist voller Erstaunen, ja Entsetzen. Wo vor zehn Jahren[21] ein von mir bewunderter weißer, einsamer Strand war, ist es jetzt total unwirtlich. Hässlich graues Gestein mit zum Teil braunem Einschlag und massig Schlick breiten sich aus. Um barfuß hier unbeschadet wandeln zu können, muss man schon Fakir bzw. Beachboy sein oder unendlich viel Glück haben. Kein Wunder also, dass die Gegend hier

---

[21] Siehe „Vision Kilimanjaro", Seite 30.

immer noch einsam ist, allerdings aus einem gänzlich anderen Grund als damals. Ich weiß, was ich wissen wollte und kehre um.

Die Sonne fängt an, mir auf den Pelz zu brennen. Mir muss etwas einfallen, wenn ich mir nicht schon gleich zu Anfang der Reise die Haut auf den Schultern verbrennen will. „Wen stört mein Aufzug hier schon?!", entscheide ich, ziehe die Shorts aus[22] und lege sie mir über die gefährdete Nackenpartie.

Wieder am Ausgangspunkt meines Trips angekommen, drücke ich dem Beachboy einen Dollar in die Hand. Er ist sichtlich zufrieden.

Auf dem Weg zum Bungalow spricht mich ein Ehepaar an. Es hatte gestern am Pool mitbekommen, was ich einem unmittelbar neben mir liegenden Ehepaar in Sachen Kilimanjaro-Aufstieg erzählt hatte. Jetzt wollen sie ergänzende Einzelheiten wissen. Ich beantworte ihre Fragen und verweise zudem auf „Vision Kilimanjaro". Aus meinem Bungalow, gleich um die Ecke, hole ich das Buch, das ich für solche und ähnliche Fälle prognostisch eingepackt habe. Sie blättern darin und sind sichtlich begeistert.

„Können wir es sofort kaufen?" wollen sie wissen. Das geht natürlich nicht. „Also gut, dann müssen wir es eben in Deutschland bestellen, wenn wir wieder zurück sind. Wir schicken es Ihnen zum Signieren zu.", ist ihr Kommentar.

Die Frau ist Kindergärtnerin. Sie hat Geschichten für Kinder geschrieben, erzählt sie. Offenbar habe ich sie auf eine Idee gebracht. Jetzt will sie haargenau wissen, wie die Zusammenarbeit mit BoD funktioniert.

„Vielleicht ein weiterer Eckhardt Preuß[23]?", registriere ich in einer meiner grauen Zellen und sage ihr Unterstützung zu.

„Jetzt noch schnell etwas essen und dann ab nach Mombasa, ins Travellers Beach Hotel", die nächste geplante Station meiner Reise. Mein All Inklusive ist mit dem Frühstück ausgelaufen – also gesondert das Lunch bezahlen, ist da angesagt.

Mein Hunger ist klein. Ich hole mir vom Buffet nur einen kleinen Teller, packe etwas Fleisch und Gemüse darauf, halte ihn dem Kellner unter die Nase und frage nach dem Preis. „1.500, KES", sagt er, das Bissel auf dem Teller taxierend. Bei einem aktuellen Kurs von 1,- € = ca. 95,- KES sind das fast 16,- €.

---

[22] Einen Slip hatte ich unter den Shorts natürlich noch an.

[23] Eckhardt Preuß: „Lieper Burg ist überall". Ein Buch, das über die PC POINT Computer- und Datendienst GmbH mit Unterstützung von Frau Bärbel Vierke und mir beim Verlag BoD herausgekommen ist.

Ich denke mich tritt ein Pferd. Nach minutenlangem Verhandeln einige ich mich mit ihm auf 1.000,- KES.

Mit einem telefonisch angeforderten TukTuk geht es dann nach Kilifi. Dafür bezahle ich 200,- KES. Das ist preisgünstig. Aber wie nun weiter?

Nehme ich ein Matatu[24] oder ein Taxi? Für die Fahrt mit einem Matatu muss ich 200,- KES hinblättern. Ein Taxifahrer, den ich anspreche, fordert 4.000,- KES. Nachdem ich den Preis auf 2.500,- KES heruntergehandelt habe, entscheide ich mich für das Taxi.

Das Travellers Beach Hotel entspricht den werbenden Katalogangaben. Es macht einen soliden Eindruck mit seinem 3-Seiten-Hof. Beton links und rechts rahmt eine ausreichend große Liegewiese unter Bäumen inklusive Swimming-pool ein.

Die Anlage ist insgesamt pieksauber, das Essen reichhaltiger als im gerade verlassenen Hotel und auch ausgesprochen schmackhaft. Dafür ist es allerdings auch etwas teurer - alles in allem, ich kann das Hotel empfehlen.

Ich bekomme eines der besten Zimmer, nachdem ich erklärt habe, dass ich über meine Reise Tagebuch führe und dieses veröffentlichen werde. Mein Zimmer: Südseite, 1. Stock, groß, geräumig, Terrasse direkt mit Ausblick auf den Strand und das Meer - ich muss nicht an den Strand gehen, um mich zu sonnen.

Die Klimaanlage ist leise. Man kann, von ihr ungestört, schlafen. Außerdem streicht der von ihr erzeugte Luftstrom so hoch über das Bett, dass er beim Schlafen nicht zu spüren ist.[25] Das Moskitonetz über dem Bett enthält keine Schadstellen.

Der Preis für den Zugang zum World Wide Web in eigens dafür eingerichtetem Internetkabinett beträgt 150,- KES für 15 Min.

Vom Dinner zum Zimmer zurück, die erste Panne. Das Türschloss klemmt. Fünf Minuten versuche ich erfolglos auf diese oder jene Art es zu öffnen. Dann will ich wutentbrannt den Service holen.

Das hat das Schloss wohl mitbekommen und kein Interesse daran gehabt, einen Handwerker mit Zange und Hammer an sich heranzulassen, denn plötzlich funktioniert es. Das bleibt so bis zum Ende meines Aufenthaltes im Hotel.

---

[24] Sammeltaxi, immer bis zum fast Zerbrechen voller Leute. Da hätte ich schon fast zaubern müssen, um mein ganzes Gepäck verstauen zu können, hätte aber mit Sicherheit geklappt (weiteres betreffs Matatu unter Reisetag 16.11.10).

[25] Das kann man durchaus nicht von allen Hotels in Afrika sagen.

3.2. Safaris buchen und etwas mehr

15.11.10

Studiere den Reiseführer Tansania. Langsam muss ich mich festlegen, welche Route ich fahren will. Mir schwebt vor: Mombasa à Moshi à Usambara Berge à Daressalam à Sansibar à Mombasa. Über Abstecher nach Dodoma und an den Victoriasee denke ich nach.

So innerlich gerüstet, halte ich am Strand Ausschau nach Vertretern von einheimischen Reisebüros, die auf Provisionsbasis Touren vermitteln.

Brauche nicht lange zu suchen. Werde fündig und erläutere, was ich will. Mein Ansprechpartner Eddi[26] erklärt mir, nachdem er sich alles angehört hat, dass er die Sache im Büro mit seinem Chef umgehend durchsprechen wird. Wir vereinbaren, uns um 14:00 Uhr in der Strandbar erneut zu treffen.

Mein Anbieter erscheint mit 10 Min. Verspätung nahezu pünktlich. Das akzeptiere ich, denn es war sicher für ihn nicht alltäglich, meine Sonderwünsche durchzukalkulieren.

Beinahe hätten wir uns verpasst - es ist Eddi nicht gestattet, ohne Begleitung eines Hotelgastes auf das Hotelgelände zu kommen, in das Strandrestaurant zu gehen. Hatte er heute Vormittag versäumt mir mitzuteilen.

Ich sitze also um 14:00 auf der Terrasse der Strandbar und warte auf Eddi; niemand kommt. Genervt schaue ich in die Gegend. Und dann sehe ich ihn unten am Wasser winkend stehen. Noch einmal gut gegangen. Jetzt aber schnell die Telefonnummern gegenseitig mitgeteilt.

Eddis Preisvorschlag lautet: 3.400,- $[27] . Ich erkläre, dass ich mir das überlegen werde. Fairerweise informiere ich ihn, dass ich mir selbstverständlich weitere Angebote einholen werde.

Betreffs Zahlungsabwicklung lautet mein Angebot: „Die Hälfte des Preises bezahle ich noch in Kenia, davon einen Teil bei Vertragsabschluss, die nächste Rate bei Fahrtantritt, den Rest in Tansania". Als Alternative schlage ich vor, das Geld auf ein Treuhandkonto bei einer Bank zu hinterlegen, von wo es das Reiseunternehmen nach Bestätigung von mir abheben darf.

---

[26] Im Folgenden werde ich ihn immer so benennen. Seinen Nachnamen habe ich nie erfahren.

[27] Das entspricht zum Tageskurs vom 15.11.10 einem Wert von 2.326,- €.

Eddi greift in meinem Beisein zum Telefon, um die Sache mit seinem Chef durchzusprechen. Ich merke, Eddi will auf meinen Vorschlag eingehen. Ist ja auch klar, die Provision lockt. Der Chef jedoch, der das Risiko trägt, sieht das anders. Er fordert gleich den gesamten Betrag. In gewisser Weise verstehe ich ihn, er muss ja vorfinanzieren - Auto, Hotels, …

Das ändert aber nichts an meiner erklärten Absicht, dass ich einen großen Teil des Geldes nur „Zug um Zug" rüberzureichen gedenke. Schließlich muss auch ich mich absichern. Wir einigen uns nicht und kommen überein, die Sache zu überschlafen und uns morgen um 09:30 Uhr hier an gleicher Stelle zu treffen.

Im Hotel zurück, sende ich eine E-Mail-Anfrage an Kairi Tours in Nairobi und bitte um ein vergleichbares Preisangebot.

Jeden Abend findet im Hotel eine Veranstaltung statt, einmal sind es tanzende Massai, ein anderes Mal Gaukler und Akrobaten, … Heute tritt die Sweet Waves Band auf, eine Gruppe bantustämmiger Kenianer mit Sologesang und mit Liedern, die von mehreren Personen vorgetragen werden. Mir gefällt ihr Programm sehr, und ich kaufe für 10,- Dollar eine ihrer CDs.

Irgendwann noch während des Vortrages komme ich auf die Idee, nachzufragen, ob mir die Gruppe gestattet, ihre Lieder in meine geplanten Filme über Afrika bzw. in die entsprechende PowerPoint-DEMO einzuspielen.

Gedacht – getan. Am Schluss der Vorstellung frage ich nach dem Chef. Ein Gruppenmitglied führt mich zu ihm. Der Chef sitzt bereits an einem Tisch, seine E-Gitarre liegt neben ihm. Er wendet mir sein Gesicht zu, begrüßt mich und schaut „durch mich hindurch". Ich reiche ihm eine Visitenkarte rüber, keine Reaktion. Sein Begleiter nimmt die Karte entgegen.

Schon während der Darbietungen war mir das Verhalten der Sänger, insbesondere ihre Bewegung von Ort zu Ort, als nicht normales Verhalten aufgefallen, ohne dass ich es zu deuten wusste. Mit dem Begleiter des Chefs komme ich ins Gespräch. Er erklärt: „Die Akteure, der Chef eingeschlossen, sind blind bzw. stark sehbehindert. Ich kann eingeschränkt sehen".

Der Chef geht auf meine Überlegungen ein. Wir vereinbaren, dass ich ihm nach Abschluss meiner Reise eine E-Mail schicke, in der ich mein Anliegen schriftlich vortrage und Vorschläge zur Provisionszahlung an die Sweet Waves Band unterbreite, sofern die PC POINT Computer- und Datendienst GmbH Filme mit Musik der Sweet Waves Band im Hintergrund verkauft.

Mit dem erhaltenen Versprechen, dass die Sweet Waves Band mir als Antwort auf meine E-Mail die gewünschte Bestätigung sendet, verabschiede ich mich.

16.11.10

Wollte früh im Meer schwimmen. War eine Illusion. Das Wasser ist zunächst knietief. Irgendwo sind Löcher von drei bis zehn Meter Durchmesser und maximal 1,50 Meter Tiefe im Meeresboden. Planschen darin ist möglich, wenn man es denn wollte. Habe keinen Willigen gesehen. Ca. 150 Meter weiter ins Meer hinein fällt der Sandboden schräg ins Wasser ab und mausert sich zu hartem, äußert rauem und zum Teil superspitzem Gestein.

Wer ohne Badeschuhe darüber hinaus das Terrain bis zur Riffkante erkunden will, hat den nächsten Arztbesuch vorprogrammiert. Das Wasser ist trüb, vergleichbar in Kilifi.

Trotz dieser Mankos schwebt mir vor, hier ein paar Tage länger zu bleiben, weil all die anderen Bedingungen im Hotel durchaus zum Verweilen einladen. O.k., und bei Flut kann man wie in Kilifi im Ozean schwimmen, d.h. im Gebiet zwischen Strand und Riffkante.

An der Rezeption frage ich nach dem Zimmerpreis für eine weitere Übernachtung. 135,- €, sagt mit unschuldigem Augenaufschlag die Dame an der Rezeption. Ich war schon frühstücken und bin gestärkt. Andernfalls hätte mich die Antwort doch glatt umgehauen - über das Internet habe ich von Deutschland aus mein Zimmer für 36,- € pro Nacht geordert.

Schlussfolgerung: Man bucht ein Zimmer vor Ort nicht an der Rezeption eines Hotels, sondern über einen Reiseanbieter im Internet!!! [das kann im Extremfall in einem Zimmer neben der Rezeption[28] sein]. Aber Achtung! Es muss mindestens zwei Tage vor dem gewünschten Termin erfolgen, weil die Internetreiseanbieter das von Ihnen nicht genutzte Kontingent zu diesem Zeitpunkt zurückgeben[29] (siehe auch 5.12.10).

Um 11:30 Uhr fahre ich nochmals mit einem Matatu nach Kilifi. Atiya und ich treffen uns, wie am 13.11.10 abgestimmt, in der Gaststätte am Creek. Sie hat ihre drei Kinder „am Schürzenband" mitgebracht. Alle haben einen Mordshunger, bis auf das Jüngste, natürlich.

Nach dem Essen darf ich Atiyas Wohnung besichtigen.

---

[28] So geschehen im Reef-Hotel bei notwendigen Änderungen meines Zeitplanes.

[29] Unter Beachtung dieser Prämisse habe ich für die restliche Zeit meines Aufenthaltes in Kenia alle nach dem 19.11.10 benötigten Unterkünfte im Reef-Hotel, inkl. Halbpension, zu einem „Minimalpreis" von 37,- € pro Nacht gebucht bzw. umgebucht.

Die Familie wohnt in einem langgestreckten einstöckigen Haus im Armenviertel am Rande des Ortes zur Miete. Das Haus hat vier nebeneinander angelegte Ein-Raum-Wohnungen.

Atiyas Zimmer misst knappe 30 m². Darin stehen ein kleiner Tisch, ein Stuhl, zwei schmale Schränke, die bis zur Decke reichen, ein Doppelbett, eine Couch, der Couch gegenüber ein Fernseher und daneben eine supergroße Stereoanlage älterer Bauart. An der Wandseite neben der Eingangstür ist das Küchengeschirr gestapelt und gleich daneben auf einem Hocker ein zweiflammiger Gaskocher. Die Fensterseite ist frei gehalten.

Dafür bezahlt Atiyas Familie 1.500,- KES Kaltmiete je Monat. Zum Vergleich: Ihr Mann verdient monatlich so um die 3.000,- KES. Atiya hat keinen Job.

Hier und dort sieht man kleinere und größere Gruppen von Frauen, meist unter einem Baum sitzend, sich unterhalten. Ihre Kleidung ist adrett und sauber. Kinder spielen in mehr oder weniger Abstand um solch eine Gruppe herum. Bis auf zwei Männer, die schlafend vor der Eingangstür einer Hütte liegen, sind Männer weit und breit nicht zu erblicken.

Nach der Hausbesichtigung spazierten Atiya und ich mit den Kindern an den Creek, um ungestört in Ruhe gedanklich abzuklopfen, ob bzw. wie ich ihr Hilfe angedeihen lassen kann.

Mehrfach und in Varianten bat sie auffordernd: "Nimm mich mit nach Deutschland zum Arbeiten.". „Und wo lässt Du deine Kinder in der Zeit?" „Die versorgt meine Schwiegermutter." O.k., und was willst Du arbeiten? „Reinigung, Hilfsarbeiten diverser Art".

Es tat mir leid, ich konnte ihr keinen Mut machen, zumal sie nicht ein Wort deutsch spricht.

Langsam dämmerte es mir, dass mein Besuch für kurze Zeit unerfüllbare Hoffnungen geweckt hatte und ich fragte mich, ob es eine kluge Variante war, Atiya wiedersehen zu wollen.

Umgekehrt, die Enttäuschung wird sich in Grenzen halten, denn Atiya machte sehr wohl den Eindruck, dass sie sich ihrer Situation bewusst ist.

Mit einem Bargeldgeschenk in Höhe von 6.000,- KES an Atiya verabschiedete ich mich, diesmal wohl für immer.[30] Für Atiya ist der Betrag im Vergleich zu

---

[30] In „Vision Kilimanjaro" ist zum Datum 16.01.2001 festgehalten: „Im Eiltempo zurück in die Unterkunft. Atiya wartet, um Abschied zu nehmen. Sie ist sichtbar traurig, aber gefasst. ‚Komm bald wieder', gibt sie mir mit auf den Weg". Dieses **bald** wieder hat länger als 10 Jahre gedauert, aber – es hat stattgefunden.

dem Gehalt ihres Lebenspartners (siehe oben) ein kleines Vermögen. Ohne zu zögern nahm sie das Geld dankend entgegen. So betrachtet, war mein Auftauchen ein kleiner Lottogewinn für Atiya, war ich ein unverhofft erschienener Engel.

Für die Fahrt zu meinem Hotel zurück nutze ich wieder ein Matatu. Diese fahren in unregelmäßigen Abständen wie eh und je innerhalb größerer Orte bzw. von Ort zu Ort. Länger als zehn Minuten braucht man selten auf ein Matatu zu warten.

Phänomenal, wie viele Personen in solch einen Kleinbus passen. Es ist nicht ungewöhnlich, dass sich sechs Personen auf einer für vier Personen gedachten Sitzreihe drängeln. Oft nicht gerade kleine Gepäckstücke werden zusätzlich zu den Menschen irgendwie untergebracht. Man stolpert nebeneinander, übereinander und sonst noch irgendwie. In Spitzenzeiten steht der Kassierer mit einem Bein im Auto; der Rest seines Körpers hängt/liegt/steht während der Fahrt in den unglaublichsten Positionen außerhalb der Eingangstür.

Seit zehn Jahren hat sich nichts geändert. Und auch nicht verändert ist die gewöhnungsbedürftige stärkere Ausdünstung des schwarzen Körpers im Vergleich zur weißen Haut – das muss man wissen, wenn man es riskiert, als einziger Weißer in einem Matatu inmitten schwitzender Menschen zu sitzen. Aber preisgünstig.[31] ist es; da kann man sich nicht beschweren.

Ebenfalls ausgesprochen billig ist ein Telefonat in Kenia[32].

Aus diesem Grunde hatte ich mir vorhin in Kilifi die Karte eines nationalen Telefonanbieters gekauft, die ich in ein extra dafür aus Deutschland mitgebrachtes, ehemals von mir ausgesondertes zweites Handy einsetzen werde, wenn ich wieder im Hotel angekommen bin.

17.11.10

Auf ein Morgenbad verzichtet – um Kneippkur zu machen, muss ich nicht nach Kenia fahren.

Bezüglich Rundreise durch Kenia und Tansania habe ich mich endgültig festgelegt. Ich werde in Kenia Safaris durch die Nationalparks Tsavo Ost und Tsavo

---

[31] Siehe auch 14.11.10.

[32] Preis max. drei KES/Min., also < 0,30 € für ein Telefonat von 10 Min. Dauer. Ein zehnminütiges Telefonat mit kenianischer Karte nach Deutschland ist teurer, ca. 3,- € für 10 Min., aber immer noch einiges billiger als bei aktuellen deutschen Anbietern (Stand Nov. 2010).

West sowie den Amboseli Nationalpark[33] unternehmen. Zur Route in Tansania siehe Seite 18. Inzwischen ist klar: Mein Urlaubszeitlimit gibt sowohl einen Abstecher nach Dodoma und den Victoriasee als auch nach Sansibar nicht her. Auf Sansibar zu verzichten, dazu kann ich mich schweren Herzens nicht durchringen, muss ich mir also die Route ins „Inland" verkneifen.

Eddi habe ich das bereits telefonisch mitgeteilt sowie einem anderen Reiseanbieter, der ein Bürochen dem Hotel gegenüber in einer kleinen Baracke unterhält.

Um 09:30 Uhr treffe ich mich mit Eddi. Sein Angebot: 1.500,- € für die Tage in Tansania/Sansibar, 780,- €, für die Fahrt durch die drei Nationalparks in Kenia, sofern ich allein unterwegs sein will. Sollte ich drei weitere Mitreisende akzeptieren, reduziert sich sein Nationalpark-Angebotspreis auf 480,- € pro Person. Mit einem ergebnisabhängigen Splitten der Bezahlung ist der Chef einverstanden.

Damit habe ich eine Anlegekante, an der ich weitere Anbieter messen kann. Erkläre mich für morgen, 10:00 Uhr, zu neuem Treff bereit.

Kairi Tours hat sich per E-Mail „verabschiedet".[34] Damit muss ich, damit kann ich leben.

Gegen 11:00 Uhr holt mich A. mit seinem Auto zu einem Mittagessen im Jumba Ruins Monsoons Restaurant ab, ein sehr schönes Restaurant an lauschigem Strand in Mtwapa. A's Mutter und ihr „Butler" warten dort bereits auf uns.

Ein ausdrücklich empfehlenswertes Restaurant – großflächig mit Sitzgelegenheiten in unterschiedlichem Ambiente und zugleich einheitlich modern in Afrikalook gestaltet, nicht überlaufen, sehr zuvorkommende schnelle Bedienung, große Auswahl an Mahlzeiten. Wir Vier haben drei unterschiedliche Gerichte gegessen und uns anschließend gegenseitig in deutlich erkennbarem Brustton tiefster Überzeugung bestätigt, wie hervorragend das geschmeckt hat.

Der Weg zum Jumba Ruins Monsoons Restaurant ist in Mtwapa ausgeschildert, allerdings leicht missverständlich. Aus Richtung Mombasa kommend, biegt man von der Fernstraße mitten im Ort nach rechts ab. An einer Weggabelung im Ort hängt ein Schild: „Immer geradeaus". Gemeint ist aber nicht die geradeaus führende Nebenstraße sondern die nach links sich fortsetzende Hauptstraße des Ortes bis zum Ende der Hauptstraße, bis zum Strand.

---

[33] Nationalpark, zukünftig gelegentlich mit NP abgekürzt.

[34] "According to where you are going, middle class accomodation is not booked earlier; you just arrive and pay directly in local currency. Those places are not tourist sites and that is why it is not a problem to get a room."

Wir hatten das „Geradeaus" für ernst genommen und mussten, als die Löcher auf dem Weg immer größer und die Pfützen immer tiefer wurden, schließlich entnervt bis zu dem irreführenden Schild umkehren.

Wieder zurück im Hotel wartet bereits ein Vertreter des dem Hotel gegenüber ansässigen Reiseveranstalters auf mich. Sein Angebot: 1.200,- € für die Tansania-Rundfahrt. Das ist weniger, als Eddi fordert, aber meine Auflassung, 70% des Preises gleich und 30% nach erfolgreichem Abschluss der Reise zu bezahlen, akzeptiert er nicht. Wir gehen andere Preisvarianten durch, inklusive Safaris in die Kenia-Nationalparks - in der Summe für ihn ein richtig gutes Geschäft. Alles umsonst, nach ca. 1 1/2 Stunden trennen wir uns ergebnislos.

Am späten Nachmittag kommt A. verabredungsgemäß nochmals ins Hotel. Er lädt mich auf ein Bier ein, mit dem Auto fünf Minuten vom Hotel entfernt. „Lass Dich überraschen und außerdem", so meint er, „kannst Du dort nebenan auch die Telefonkarte aufladen lassen".

Das Etablissement ist an der Einfallstraße nach Mombasa groß aufgebaut. Es hat Restaurantbetrieb mit Tischen im Haus und vor dem Haus. Dem vorgelagert können in einer Art Garten 20 Personen auf Hockern an einem sich um einen Ausschank oval herumziehenden, auf Pfosten stehenden Tisch überdacht sitzen.

Wir finden zwei freie, nebeneinander stehende Hocker und beobachten das Geschehen.

Ah ja, das ist also die Überraschung: Uns schräg gegenüber sitzen, mit jeweils einer Lücke zwischen ihnen, auf Freier wartend, vier ausgesprochen hübsche junge Kenianerinnen. Weitere drei weibliche Schwarze an Restauranttischen suchen Blickkontakt zu uns. Deutlich lassen sie erkennen, dass neben ihnen Plätze frei sind. Darüber hinaus gibt es wenig freie Plätze.

Weiße und schwarze Männer kommen und gehen, suchen und finden bzw. trinken nur etwas.

„Hier kannst Du dir kostengünstig eine Begleitung für die nächsten Tage auswählen, oder einfach mit einer der Damen zum Preis von 15,- € schnell mal um die Ecke verschwinden", erläutert A.

O.k., ich will beides nicht. Wir trinken unser Bier. Zwischenzeitlich gebe ich die Telefonkarte zum Aufladen ab. Gegen 19:30 Uhr setzt mich A. wieder im Hotel ab.

„Oh, mein Gott ... ?!?!?", als ich das Zimmer betrete. Der Safe steht ausgeräumt sperrangelweit offen; ein Zettel darin: „Bitte beim Sicherheitsdienst melden". Das tue ich natürlich sofort.

Des Rätsels Lösung: Ich hatte beim Auschecken heute Morgen den Safe nicht abgeschlossen.

Der Zimmerdienst hat das gemeldet ... usw. Nach meiner schriftlichen Bestätigung über den Empfang eines jeden einzelnen Dokumentes/Gegenstandes, die im Safe waren, bin ich nach knapp einer Stunde maßlos erleichtert wieder im Besitz meiner Utensilien. Service pur.

Der Rest des Abends ist Routine: Im Internet nach eingegangenen E-Mails schauen und ggf. reagieren, Abendessen, Veranstaltung zur Unterhaltung der Gäste (heute Akrobatik-/Zaubershow) besuchen, Tagebuch schreiben. Nachtruhe gegen 24:00 Uhr.

18.11.10

Kurz nach 10:00 Uhr erscheint Eddi erstaunlich pünktlich auf der Bildfläche.[35] Ich habe mich zwischenzeitlich entschieden, sein Angebot anzunehmen, will aber alles schriftlich fixiert haben. Das teile ich ihm mit.

Eddi meint, ich habe doch sein Versprechen. Aber gut, wenn ich denn so will, beschafft er einen Vertrag.

Zwei Stunden später kreuzt er mit einem nichtssagenden handgeschriebenen Wisch wieder auf. O.k., wir fahren gemeinsam in ein chaotisch eingerichtetes Zimmer, das sich Reisebüro nennt. „Existenzgründer, muss man mit klarkommen", sage ich mir, als wir eintreten. Mit dem auf uns bereits wartenden Herrn lasse ich mich an einem Tisch nieder und wir setzen einen Vertrag auf, allerdings nur für die Safaris durch die Nationalparks in Kenia.

Stellt sich nämlich heraus, dass der clevere Eddi den Tansania-Ausflug auf Provisionsbasis mit einem Reisevermittler in Tansania per Telefon abgestimmt hat, völlig unabhängig von dem Büro, in dem wir gerade sitzen.

Auf dem Rückweg zum Hotel halten wir vor einer Barclays Bank; ich brauche Euros für die Vorkasse. Missmutig reihe ich mich in die Wartenden ein. Nach gut einer halben Stunde stehe ich endlich am Schalter und erfahre, dass die Bank keine Euros vorrätig hat. Na prima.

---

[35] Das Gerangel um eine Buchung vor Ort beschreibe ich in diesem Tagebuch ganz bewusst so ausführlich, um den Aufwand unmissverständlich deutlich zu machen, den man betreiben muss, wenn man Geld sparen will und nicht z.B. schon in Deutschland für ein Vielfaches des Preises bucht.

Die freundliche Bankangestellte verweist mich an einen Nebenschalter: „Dort beschreibt Ihnen jemand den Weg zur nächsten Bank".

Noch während ich aufmerksam der Wegbeschreibung lausche, kommt ein Herr aus dem Hintergrund und will wissen, ob denn 950,- € auch erst einmal reichen würden. Ich schaue Eddi an; er nickt und meint, dann soll ich eben doch den Rest in KES begleichen, allerdings zu einem Kurs, zu dem er die Euros tauschen kann.[36] Ich willige ein.

Wir verabreden uns für 18:00 Uhr im Travellers Beach Hotel, um den Vertrag „Abstecher nach Tansania" perfekt zu machen.

In der Empfangshalle wartend erreicht mich um 18:05 Uhr Eddis Anruf: „Ich komme 10 Minuten später". Um 18:40 Uhr kreuzen Eddi und ein Freund von ihm auf.

Ich bin stinksauer und erkläre, dass ich bei so viel Unzuverlässigkeit nicht bereit bin, die für die Nationalparksafari am Nachmittag vereinbarte Vorkasse in Höhe von 200,- € jetzt, sondern erst dann zu bezahlen, wenn an dem abgestimmten Abfahrtstag zur abgestimmten Abfahrtszeit das mich abholende Auto tatsächlich pünktlich vor der Hoteltür steht.

Beide Herren mir gegenüber zeigen ausgesprochen betroffene Mienen, akzeptieren aber letztlich, weil sie erkennen, dass ich das ernst meine, weil sie das Geschäft machen wollen, weil Eddi vor ein paar Stunden in der Bank gesehen hatte, dass ich über ausreichend Geld verfüge.

Wir geben dem Vertrag[37] handschriftlich den letzten Schliff (siehe Anlage 5.2.). Alles, was wir gesagt haben, gehört auf Papier gebracht, bestimme ich. Die beiden Herren nicken ergeben.

Was ich nicht sage, aber ganz bewusst praktiziere, ist die Umsetzung der These: „Wer das Geld hat, hat die Macht, sitzt am längeren Hebel, muss nicht bitten oder betteln oder letztlich sogar verzweifeln, wenn während des Unternehmens etwas schief läuft". Will der Reiseanbieter seinen Lohn bekommen, muss er sich eben etwas einfallen lassen. Und das klappt so nach allen meinen Erfahrungen bestens in Afrika.

---

[36] Es tauschen heute am 18.11.10:
    Kasse im Travellers Hotel: 1 € : 95 KES
    Bank   1 € : 103 KES
    Eddi   1 € : 110 KES.

[37] Kontrakt muss nicht auf feinstem Büttenpapier geschrieben sein, der Inhalt zählt: Übereinkünfte zum Leistungsumfang und zum Preis sowie Nebenabreden gehören ausreichend präzise aufgeschrieben, nicht mehr, nicht weniger.

Am Beispiel einer bei böser Absicht von mir für Eddi schädlichen Formulie-
rungsauslegung eines Satzes in dem von Eddi mitgebrachten Vertragsentwurf
erläutere ich Fallstricke.

Langsam werden die Herren ganz Ohr; sie beginnen begründet zu begreifen,
dass ich in Deutschland Unternehmensberatung mache und mir solch ein Vor-
gehen auch in der Verantwortung eines Geschäftsführers mittlerweile als selbst-
verständliches Gedankengut ins Blut übergegangen ist. Sie erkennen, dass ich
Ihnen nicht schaden will, sondern einzig und allein keinen Reinfall erleben
möchte.

Sie sind noch jung und unerfahren. Jetzt wollen sie lernen, wollen unabhängig
vom Vertrag immer mehr zu möglichen Stolpersteinen hören, sind ganz begie-
rig.

Erst als ich nach zwei Stunden „Vorlesung" nachdrücklich bitte, es für heute
genug sein zu lassen, gehen sie, sich dankend von mir verabschiedend.

19.11.10

Heute ist Umzug vom Travellers Beach Hotel zum Reef Hotel angesagt. Will
mir dazu ein Taxi mieten, kommt aber anders.

Ich erhalte einen Anruf, von einem Reiseanbieter, der über was weiß ich für
Kanäle von meinen Safariplänen Wind bekommen hat.

Ich sage ihm, dass alle Messen gesungen sind und er nur noch dann eine Chance hat, wenn sich das zwischenzeitlich von mir bestätigte Vorhaben als Flop er-
weisen sollte. „Außerdem habe ich jetzt keine Zeit, weil ich umziehen muss".

„Egal", sagt er, „ich komme vorbei, bringe Sie mit meinem Auto ins Reef und
wir sprechen über mein Angebot." „Na bitte, wenn er denn unbedingt will",
denke ich, „soll er es doch tun".

Gedacht, getan. Ich spare dabei 200,- KES[38].

Im Reef angekommen, nehmen wir uns die Zeit, über sein Angebot zu sprechen. Er ist etwas preisgünstiger als Eddi, und es klingt auch nicht schlecht,
wie er sich den Ablauf meiner beabsichtigten „Fahrten ins Land" zu organisie-
ren vorstellt.

---

[38] Habe ihm bei Ankunft im Reef fairerweise 500,- KES für den Transport in die Hand gedrückt;
Umzug mit Taxi hätte 700,- KES gekostet.

Trotzdem, ich habe Eddi mein Wort gegeben. So bleibt es dabei, was ich ihm bereits am Telefon gesagt hatte. Als wir auseinander gehen, hat er mein Versprechen, ihn anzurufen, wenn sich Unvorhergesehenes in meiner aktuellen Planung ergeben sollte, in der Tasche, mehr nicht.

Eigentlich schade, denn er ist mir als junger ideenreicher Unternehmer ausgesprochen sympathisch. Wo er die Information über meine Reiseabsichten her hat, dazu schweigt er beharrlich.

20.11.10

Aufladen der inneren Batterie durch Ruhetag im Hotel: Sonnen, baden, schlafen, sonnen, baden, ... erfolgt abwechselnd im Pool und im Meer, das heute bei Flut im Bereich vor dem Riff ca. 1,60 m tief ist, sofern man weit genug hinein geht.

Schwimmen im Ozean ist damit prinzipiell möglich, wenn man den am Uferrand wabernden Schlick hinter sich gelassen hat.

Also, lieber Kenia-Aspirant: Das solltest Du zweimal gelesen haben, bevor Du dich für einen Urlaub in Kenia[39] entscheidest.

Bewusster Tagebucheintrag, um angesichts von sich einprägenden positiven Höhepunkten der Reise nie zu vergessen: „Ich will es irgendwie nicht wahr haben, aber es ist so: Mit dem Blick auf den morgigen Start zum Ausflug nach Tansania bin ich bei genauerem Hineinsehen in mein Inneres stärker angespannt als ich es mir eingestehen will".

---

[39] Ich erwähne das ausdrücklich mehrfach im Tagebuch, weil ich dem Leser, der von „prima Badeurlaub" in Kenia mit herrlichem Schwimmen im Indischen Ozean in einschlägigen Prospekten gelesen hat und anschließend davon sehnsuchtsvoll träumt, „Stolpersticke" bewusst machen will !!! Und ich wiederhole an anderer Stelle bereits Ausgesagtes sicherheitshalber gleich noch einmal: Kristallklares Wasser ist an den Stränden nördlich von Mombasa bis Malindi [jedenfalls soweit ich sie besucht habe] nicht zu erwarten (siehe hierzu u. a. die DVD „Afrika Sequenzen" mit Fotosammlung und PowerPoint - DEMO, bestellbar über www.burghard-zacharias.de ; die bei Ebbe auf Sand liegenden Schiffe mit keiner Handbreit Wasser unter dem Kiel sprechen Bände.

3.3. Abstecher nach Tansania

3.3.1. Moshi

21.11.10

Fahrt von Mombasa über Grenzstation Taveta nach Moshi - Ich zitiere aus einer E-Mail an meine Lebensgefährtin nach Deutschland:

[Zitat Beginn] Bin tatsächlich heute in Moshi angekommen. Die beiden Beachboys plus ein Fahrer haben mich im Auto bis zur Grenze begleitet und mich direkt am Grenzkontrollpunkt dem Tansania-Reisebüro übergeben.

Zuvor bei der Fahrt durch den Tsavo Nationalpark Staub geschluckt, Staub, Staub und Staub.

Einzige Abwechslung: Eine große Elefantenherde, die sich, plötzlich aus dem Busch auftauchend, ganz dicht an der Straße entlang ihren Weg nimmt. „Keine Sorge, sie schrammen uns nicht, sie sind auf dem Weg zum Wasserloch", erklärt der Fahrer.

Nun der Reihe nach.

6:00 Uhr Abfahrt. Zunächst zwei Stunden gut befahrbare Asphaltstraße, dann eineinhalb Stunden Löcher über Löcher im Asphalt. Der Fahrer weicht ihnen aus soweit es geht. Wenn es nicht geht fährt er durch – was auch sonst?

Manchmal sind die Löcher tiefer, manchmal weniger tief. Auf jeden Fall sind sie fast immer tief genug, um dem Fahrgestell des Autos und der Wirbelsäule der Insassen das Letzte abzuverlangen. Ich fliege im Auto im Wechsel nach links, dann nach rechts und während dieser Bewegungen mal nach oben und mal nach unten.

Der Rest bis zur Grenze ist Schotterpiste. In der eintretenden relativen Ruhe gibt mir eine innere Stimme Befehl: „Otto, Du musst heute Abend in Moshi unbedingt die blauen Stellen am Körper zählen".

Über und über mit Staub bedeckt an der Grenze angekommen. Mein ursprünglich blaugraues Jeanshemd sieht einem khakifarbenen Rangerhemd zum Verwechseln ähnlich.

Ali (Ally Nasoro, siehe www.hotsunsafaris.com, hier wie im folgenden kurz Ali), der Eigentümer des Reisebüros in Moshi, holt mich persönlich in Taveta ab. Um die Grenzformalitäten kümmern sich Eddi und Ali gemeinsam. Als für heute letzte Amtshandlung in Kenia drücke ich nach Abschluss der Grenzformalitäten verabredungsgemäß Eddi 200,- € Vorschuss für die nach dem Tansania-Abstecher geplante Safari durch ausgewählte Nationalparks in Kenia in die Hand. Etwas innere Unruhe dabei kann ich nicht verleugnen, lasse sie mir aber nicht anmerken.

Gute Asphaltstraße in Tansania; Vergleich zu Kenia wie Tag und Nacht ohne Dämmerung.

In Moshi angekommen stellte sich heraus, das Schlitzohr Eddi hat Ali meine 950,- bezahlten EURO übergeben, nicht aber die zusätzlich als Anzahlung ihm von mir überreichten KES, die noch bis zur Höhe der vereinbarten 1.100,- € Vorkasse fehlten.

Warum? - ließ sich heute nicht klären, da keine Telefonverbindung funktioniert. Ali hatte keine Chance, über die Grenze zu telefonieren. Bin gespannt, wie das weitergeht.

Auch Dich in Deutschland kann ich heute weder mit meiner Kenia-Karte noch mit der deutschen Karte in dem anderen Handy anrufen.

In Moshi ging's zuerst in Ali's Büro. Er spendierte Kaffee und wollte den Restbetrag der Reisekosten von mir haben - aus seiner Sicht logisch. Nun, ich habe emotionslos auf die im Kontrakt nachträglich handschriftlich eingefügte schriftliche Vereinbarung verwiesen, dass ich erst nach erfolgreichem Abschluss der Fahrt löhne und klargemacht, dass ich das ernst meine.

Hat Ali letztlich auch so geschluckt. Habe ihm, aber erst nach seinem Akzeptieren, gesagt, dass ich, wenn bis Daressalam alles wie geplant verläuft, bereit bin, ihm das Geld für Sansibar (Fähre, Übernachtung,...) als nächsten Teilbetrag zu überreichen.

Ali hat mich heute unbedingt noch durch Moshi führen wollen und es letztlich geschafft, mich zu überreden. Meine ursprüngliche Absicht war gewesen, allein die von mir vor zehn Jahren besuchten "alten" Plätze zwecks Vergleichs mit heute abzulaufen.

Ali aber ließ nicht locker, wollte mir unbedingt den noch in deutscher Kolonialzeit erbauten Bahnhof, der seit drei Jahren stillgelegt ist, zeigen, erklärte:

„Zu deutscher Kolonialzeit ist es hier mit der Wirtschaft vorangegangen, eigentlich bis zum Jahr 1939. Nachdem die Engländer die Deutschen 1939 interniert und schließlich ausgewiesen hatten, war es mit straffem Fortschritt zu Ende. Und leider kommt Tansanias Wirtschaft auch jetzt, in der Unabhängigkeit, nur recht langsam vorwärts."

Auf grasüberwucherten Gleisen stehend, nennt Ali als Beispiel den Ort Kigoma, eine Stadt am Tanganjikasee. „Eine Bahnlinie, quer durch Tansania, verbindet diesen Ort mit der Küste des Indischen Ozeans. Der Bahnhof in Kigoma ist 1912 für 30 Züge täglich erbaut worden - heute fahren zwei Züge die Woche!"

Dann weist er mit der ausgestreckten Hand nach rechts. „Da sehen Sie die Häuser der schwarzen Arbeiter. Sie haben vor 100 Jahren beim Bau und später beim Betrieb der Bahn Geld verdient, nicht viel, aber doch so viel, dass sie sich bessere Häuser bauen konnten, als es der normale Standard hier ist. Schauen Sie". Ali zeigt in die Runde: „Die Häuser dort sind erst in letzter Zeit erbaut! Sie sehen oftmals ärmlicher aus als die vor 1914 erbauten Häuser".[40]

Das Buffalo-Hotel ist außen hui und innen pfui - außen ist alles renoviert und weiß gestrichen, innen wurde in den letzten zehn Jahren das reine Nichts gemacht.

Meine erste Aktion nach dem Einchecken: Moskitonetz tauschen. Es hatte zu viele und zu große Einflugschneisen für Mücken. War gar nicht so einfach, das dem Hotelpersonal klarzumachen. Es hat gedauert und gedauert, bis die junge, schlanke und trotzdem erstaunlich behäbige Dame an der Rezeption sich bequemte, entsprechende Schritte einzuleiten. Ich musste dreimal nachfassen. Erst als ich absolut unwirsch und etwas laut geworden bin, ließ sie sich dazu herab.

Klimaanlage ist Fehlanzeige.

Dusche noch wie vor zehn Jahren in der Mitte des „Sanitär"-Raumes mit auf dem schrägen Fußboden abfließendem Duschwasser in Richtung Toilette, dorthin, wo ein Abflussloch eingearbeitet ist.

Entsprechend kalkverkrustet ist der Fußboden. Das Waschbecken an der Wand hängt schief, aber irgendwie stabil, wieso auch immer. Ich hatte zunächst Angst, dass es mir auf die Füße fällt, wenn ich Wasser fließen lasse, aber nichts dergleichen passiert – na ja, ist ja wohl auch in den letzten Jahren nicht pas-

---

[40] Auszug aus J. Hanzelka, M. Zigmund, Afrika-Traum und Wirklichkeit, Verlag Volk und Welt GmbH, 1953, Bd. 2, S.152-153: „Deutsch-Ostafrika, die reiche Kolonie ... nach dem ersten Weltkrieg. ... wurde zerstückelt, aber die Deutschen blieben. Sie hatten den größten Teil des Handels und auch der Industrie in der Hand, und ihre Solidarität untereinander machte auch unter den neuen Verhältnissen ihre Stellung unerschütterlich. Vor Ausbruch des zweiten Weltkrieges lebten in Tanganjika mehr als dreitausend Deutsche. ... beim Ausbruch des zweiten Weltkrieges ... in einer Nacht verhaftet ... Vor einiger Zeit legten die Deutschen, die auf ihre Aussiedlung aus Afrika warteten bei der UNO Protest gegen ihre Ausweisung ein, aber vergebens ... das Wirtschaftsleben von Tanganjika bekam ein anderes Gesicht. Den geringsten Nutzen von dieser Änderung haben die, die das größte Anrecht auf das Land haben – die Schwarzen. ... Die Engländer schafften sich dabei unter dem Deckmantel der Entnazifizierung mit einem Schlag die deutsche Konkurrenz vom Hals."

siert. Denn so sehr wie das Waschbecken verschmutzt ist, muss es schon mächtig lange hängen.

Habe das, was einmal wie ein Jeanshemd ausgesehen hatte, im Hotel in die Wäsche gegeben !! Bin gespannt, was unter dem Staub nach Behandlung in einem Haus wie diesem hervorkommt.

Es ist 21:51 Uhr. Ich schreibe diese E-Mail im Internetcafé, das schon vor zehn Jahren hier war, gleich neben dem Hotel. Die Computer entsprechen aktuellem Standard, die Verbindung ist ausreichend schnell; der Raum könnte Farberneuerung vertragen.

Um 22:00 Uhr schließt der Shop. Die hier Angestellte tritt von einem Bein auf das andere und schaut zu mir herüber. Ganz klar, sie will pünktlich Feierabend machen. Sind aber noch zwei andere Nutzer neben mir, also pole pole[41].

„Freue" mich nun auf mein heißes Hotelzimmer. *[Zitat Ende]*

---

[41] Suaheli, auf Deutsch „Langsam, langsam. Nur nicht übereilen".

3.3.2. Usambara Berge und Daressalam

8:00 Uhr. Das Frühstück im Hotel ist auf wenige Auswahlmöglichkeiten süßer Sachen beschränkt. Wurst oder ähnliches ist Fehlanzeige; zum Sattwerden reicht es. Um 8:30 Uhr steht Ali mit dem Auto pünktlich auf die Minute vor der Tür. Wir starten in Richtung Usambaraberge mit Etappenziel Lushoto.

Lushoto, zu deutscher Kolonialzeit Wilhelmstal, liegt über 1.498 m hoch in malerischer Umgebung mit europäischem Mittelgebirgscharakter, ist höhenbedingt malariafrei und von der Temperatur her gemäßigt.

Deshalb war der Ort vor 100 Jahren „Naherholungsgebiet" für die deutsche Kolonialverwaltung in Daressalam, die auch ein Krankenhaus in den Usambarabergen erbauen ließ. Ich will mir ansehen, was aus der Kolonialzeit erhalten geblieben ist bzw. wie sich der Ort verändert hat.

Gleich hinter Moshi haben wir ein herrliches Kilimanjaropanorama in der Ferne seitwärts links neben uns. Ali muss mehrfach halten, damit ich „ungewackelt" filmen kann.

Nach ca. einer Stunde Fahrt machen wir in der kleinen Stadt Mwanga Station bei Ali's Familie. Der Vater betreibt einen Schuhladen in einer Geschäftsstraße. Der Verkaufsraum hat, von mir geschätzt, ca. 14 qm Grundfläche. Ein Vorhang markiert den Durchgang zum Schuhlager.

Im Laden treffen wir auf den Vater sowie eine Verkäuferin. Der Vater begrüßt mich ausgesprochen herzlich. Wir machen small talk, und so nebenbei drückt er mir seine Bewunderung für Deutschland aus, einem Land, das, wie er sagt, sich nach zwei verlorenen Weltkriegen wieder zu einer weltanerkannten Industriemacht emporgerappelt hat.

Das Geschäft scheint den Besitzer gut zu ernähren. Das wird klar, als wir anschließend zu Ali's Mutter fahren.

Sie wohnt am Stadtrand in einem einstöckigen Steinhaus mit flachem Dach. Auf gut 140 qm Grundfläche umfasst es ca. 100 qm Wohnraum und 40 qm Stall. Ein Garten rund um das Haus rundet das Ensemble ab.

Mir fallen sauber beschnittene Avocado-, Apfelsinen- und weitere von mir nicht zuordenbare Obstbäume auf. Auf einem Gemüsebeet sprießen frische Pflanzen. Auf einer 4 x 5 Meter großen Fläche wächst Mais.

Die Zimmer sind im europäischen Stil eingerichtet mit richtig guten Polstermö-
beln, Fernseher selbstverständlich und in der Küche ein großer Kühlschrank
mit Gefrierteilaufsatz.

Auf einem Hof, der das Haupthaus von einem weiteren Stallgebäude trennt,
tummeln sich Enten und Hühner in einem durch einen Zaun abgegrenzten Bereich. Keine Schlupflöcher im Zaun für das liebe Federvieh, 100%-tig gesichert, dass im vorderen Hofbereich mit dem Eingang zum Haus nicht Geflügel-
kot liegt. „Die Kuh ist auf der Weide", wird mir gesagt.

Nach einer Kaffeepause geht es weiter.

Mittag essen wir in einer riesigen Fernfahrerraststätte an der Kreuzung von
Fernstraßen. Mein lieber Mann, hier geht die Post ab! Auf dem Parkplatz Busse, Fernlaster, ..., Busse, Fernlaster. Dazwischen drängeln sich PKWs. Hunde-
rte Menschen quirlen herum, hasten, schubsen, rufen, schwatzen was das Zeug
hält. Nur schwarze Hautfarbe; ich bin das einzige Bleichgesicht in der Men-
schenbrandung.

Das Essen ordert man in einem riesigen Saal an einer Luke. Man kann lt. An-
schlag auswählen. Ich entscheide mich für Beef mit Reis. Kaum sitzen wir am
Tisch, können Ali und der Fahrer ihre Essenmenge aufstocken, weil ich ihnen
mein sogenanntes Beef anbiete – nur Knochen und Knorpel mit verlorenem
Fleisch darum. Beide sagen nicht nein. Der Reis schmeckt wie Reis.

Bei Fahrt in die Berge sind Ausblicke von oben und Einblicke in die Täler einfach idyllisch. In der malariafreien Höhenlage kann/muss sich ein Mitteleuropä-
er einfach heimisch fühlen!

Ich verstehe, warum sich während der Kolonialzeit gerade hier Deutsche ange-
siedelt hatten.[42]

---

[42] Kaube, D. E.: TANSANIA, 1. Auflage, Stefan Loose Verlag, Berlin 2008, S. 336-338: „Mit den
Usambara-Bergen verbanden alle Siedler melancholisch-heimatliche Gefühle. Das gefällige Klima,
der Überfluss an Lebensmitteln und die liebliche hügelige Gegend, die die meisten Deutschen an zu
Hause erinnerte, war ausschlaggebend dafür, dass die Berge als Siedlungsgebiet besonders begehrt
waren. Zudem gab es im kühlen Höhenklima keine todbringende Malaria. In der Nähe von Koro-
gwe ... wurde 1904 das Höhensanatorium von Wugiri in Betrieb genommen, wo gesundheitlich an-
geschlagene Städter aus Dar es Salaam oder gar aus Deutschland zur Kur gingen. Zahlreiche Siedler ... führten dort ein reges gesellschaftliches Leben – auch, weil viele Reisende durchkamen, die
in den Häusern der Deutschen gern gesehene Gäste waren. Diesen frühen Tourismus hat nicht zu-
letzt die Usambara Bahn begünstigt, deren Bahnhof ... nur wenige Stunden mit der Kutsche von
den Plantagen und Gutshöfen entfernt war. ...1913 war Wilhelmstal eine deutsche Kleinstadt wie
aus dem Bilderbuch ... Bezirksamt, ... 64 Mann starke Polizeitruppe, ... Forstamt, ... Postamt, ...
zwei Gasthäuser, ...an die 420 deutsche Siedler ..."

Ihre Häuser lassen sich zwischen den einfachen Bauten der dunkelhäutigen Bewohner gut ausmachen.

Sie haben meistens Villencharakter, Spitzdach, zwei Stockwerke, sind ziegelsteingemauert, teils geputzt, verfügen über Terrasse, oft über Balkon.

Abb. 2 Blick in die Usambara-Berge   Ein ursprünglich deutsches Gehöft

Jetzt, im freien Tansania wohnen in den Häusern Schwarze. „ Die Briten haben hier aus dem Vertreiben der Deutschen letztlich also keinen Vorteil ziehen können", konstatiere ich.

Die heute im Usambara-Gebiet lebenden Menschen betreiben Ackerbau und Gemüsewirtschaft auf kleinen Parzellen. Davon kann man nicht reich werden. Als Folge sind die von Deutschen erbauten Häuser bis auf Ausnahmen sichtbar dem Verfall preisgegeben. Wer in den wenigen gut erhaltenen Häusern wohnt, habe ich nicht ermitteln können.

Letztlich unverkennbar: „Gras ist über die deutsch determinierte Vergangenheit gewachsen".

In Lushoto steuern wir das Lawn Hotel an. Gefällt mir nicht, zu abgewohnt. Eine größere Reisegruppe junger Leute, Holländer, ist bereits dort. Komme mit ihnen ins Gespräch. Sieht verdächtig nach einer lauten Nacht aus. „Ich will einen gehobeneren Standard", sage ich zu Ali.

„O.k., Müllers Lodge, wir müssen 15 km über holprigen Waldweg weiterfahren, kostet 10,- € Fahrtzuschlag". „Einverstanden."

Mullers Mountain Lodge überzeugt bereits beim ersten Anblick. Gut 1.700 m über N.N, als Farmhaus gebaut in den 30-er Jahren des vorigen Jahrhunderts, seit 1970 wieder deutscher Eigentümer, alles renoviert. Gelände leicht abschüssig, auf dem Gelände Bäume, Büsche, Blumen und Rasen, von schmalen Wegen durchzogen, bis ins kleinste Detail gepflegt, leichtes auf und ab, Wald drum herum. Haupthaus roter Klinker, Nebengebäude Bungalowcharakter.

Ich werde vor dem Haupthaus an einem extra für neu ankommende Gäste eingerichteten Stand mit Kaffee-/Teeangebot empfangen. Ein Zimmer erhalte ich in einem Bungalow, Mobiliar ansprechend, alles sehr sauber. Kein Moskitonetz erforderlich. Gegessen wird im Haupthaus.

Die Lodge bietet Wanderungen als Stunden-/Tagesausflüge in die nähere und weitere Umgebung an, individuell gestaltbar oder mit einem von der Lodge gegen Aufpreis gestellten Führer.

Mein Telefon, das in Moshi keinen Kontakt gefunden hatte, kann ich hier nutzen. Mache davon gleich einmal für ein Telefonat nach Deutschland Gebrauch, 10 Minuten kosten 4,- €.

Ich bin begeistert, gratuliere mir in Gedanken zu meiner Entscheidung, nicht im Lawn Hotel zu bleiben und empfehle hiermit Müllers Lodge meinen Lesern ausdrücklich.

23.11.10

Start nach ausgiebigem Frühstück um 08:30 Uhr. Ankunft Daressalam gegen 15:00 Uhr.

Abb. 3 Daressalam, Skyline vom Ozean aus

Unterwegs an ausgedehnten Sisalplantagen vorbei, die in deutscher Kolonialzeit angelegt worden sind, Haziendacharakter: Großes Haupthaus, wenig Nebengebäude, Arbeitersiedlung.

36

Die Häuser der Arbeitersiedlungen stehen „in Reih und Glied". Die Straßen dazwischen sind rechtwinklig angelegt. Auffällig, dass die vor 100 Jahren für die/von den Plantagenarbeiter(n) gebauten Häuser selbst heute noch „wohlhabender" aussehen, als die windschiefen üblichen Behausungen eines „normalen" Dorfes in der Gegend. Das erinnert mich an den Gang mit Ali über den Bahnhof in Moshi.

Daressalam begrüßt mich in der rush hour mit einem auch in Deutschland für diese Zeit üblichen Autoverkehr. „Nichts geht mehr", denke ich, doch unser Auto rollt. Irgendwie schafft es der Driver, Lücken zu finden.

Die Außenbezirke sehen recht erbärmlich aus, viel Wellblech, dazu Dreck, Krach, Staub und nochmals Staub, Menschen über Menschen hasten von hier nach dort und von dort nach hier. Kann leider so gut wie nicht filmen, da anzuhalten in diesem Gewimmel mörderisch erscheint.

Je weiter wir in das Zentrum kommen, desto gediegener wirkt die Stadt. Stellenweise habe ich das Gefühl, im modernen Berlin zu sein.

Ich übernachte im Best Western Landmark-Hotel. Gute Mittelklasse. Kein WLAN, aber an der Rezeption Internet auch für Gäste aufrufbar.

Beim Abendessen treffe ich auf die kenianische Fußball-Nationalmannschaft, die ebenfalls heute hier übernachtet.[43] Kontakt zu Spielern und Offiziellen nehme ich nicht auf, obwohl das möglich wäre. Mir fällt aber so gar nichts ein, worüber ich mich mit ihnen unterhalten könnte, jedenfalls nichts, womit ich sie interessieren könnte.

Ali kommt nochmals vorbei, um nach dem Rechten zu schauen. Ich bin zufrieden und übergebe ihm als Gute Nacht Gruß mit ruhigem Gewissen eine weitere Rate in Höhe von 200,- € für seine bisher erbrachten Leistungen.

---

[43] Ich erwähne das, um den Hotelcharakter auch auf andere Art zu verdeutlichen; in einer billigen Absteige hätte dieses Team sicher nicht genächtigt.

3.3.3. Sansibar

24.11.10

Um 09:00 Uhr fährt mich Ali zum Hafen, drückt mir ein Fährticket in die Hand und erklärt: „So, jetzt trennen sich unsere Wege. Auf Sansibar wird Dich Lilian in Empfang nehmen. Mit ihr musst Du alles Weitere direkt abstimmen."

Mir bleibt vor Erstaunen der Mund offen stehen. Fragend schaue ich Ali groß an. „Kein Problem sagt er, zückt sein Telefon und wählt eine Nummer, wartet auf den Kontakt, gibt mir dann das Handy and sagt: „Lilian ist dran. Ihr könnt euch abstimmen, wie und wo Ihr Euch bei Deinem Auschecken von der Fähre in Stone Town trefft." „Na prima, und das hast Du mir nicht vorher sagen können?" Ali zuckt die Schultern und sagt „Mhm?".

Jetzt hilft kein Lamentieren. Ich stimme mit Lilian ab, wie jeder von uns aussieht und welche Kleidung wir anhaben. Anschließend speichere ich ihre Telefonnummer.

„Na geht doch, sagt Ali", steckt sein Handy ein und ruft mir winkend zum Abschied zu: „Ist doch alles im grünen Bereich. Wenn Du zurückkommst, werde ich Dich hier an dieser Stelle wieder in Empfang nehmen. Ruf mich an, wenn die Fähre auf Sansibar ablegt." Weg ist er.

Ali hat Recht. Ist alles im grünen Bereich. Ich enter die Sea Star. Bald danach legt sie ab.

Wunderbar kann ich mit der Sonne im Rücken die Skyline von Daressalam verinnerlichen. Wie hingeduckt sind am Strand alte Bauten aus wilhelminischer Zeit auszumachen, besonders die gut erhaltene Kirche.[44]

Zugleich ist überdeutlich: Die Vergangenheit sieht zwischen den modernen Hochhäusern verloren aus. Hier reckt das aufstrebende Tansania unübersehbar sein Haupt empor.

Die Fähre, ein Tragflächen-Schnellboot, rauscht übers Wasser. Einer der Passagiere fängt mich auf, als ich beim Filmen über ein Seil am Boden stolpere. Er spricht mich an. Aus sieht er in seiner zerschlissenen Kleidung und mit ungepflegten Haaren wie der allerletzte Penner.

„Wird dich gleich anbetteln", denke ich, sage danke und wende mich ab. Dann geht mir ein Licht auf: „Was hat er soeben gefragt? Wie viel Pixel und welchen

---

[44] Siehe Fotos unter Datum 23.11.10.

Zoom die Kamera hat und ob ich denn vielleicht weiß, welcher PC-Hersteller zurzeit in Mitteleuropa Marktführer ist?".

Es stellt sich raus, wir sind Kollegen. Er ist auf dem Weg zu einem Kunden. Die Firma, in der er arbeitet, betreut dort eine Regierungseinrichtung in Sachen Informationstechnologie. Er soll ein defektes Board in einem Server auswechseln. Das neue Board zeigt er mir. Mit großem Erstaunen und höchster Achtung nehme ich zur Kenntnis, dass ich hier mit einem Fachmann spreche, dessen Wissen auf dem neuesten Stand der PC-Technik ist.

„Ja, es geht voran", sagt er, „wir kommen in der Branche geschäftlich sehr gut zurecht".

Wir nähern uns Sansibar Stadt, der Altstadt Stone Town mit dem Hafen. Schade, wir müssen das Gespräch beenden. Gern hätte ich mit ihm noch über Ausbildung in Tansania geschwatzt und auch, warum er denn so gar keinen Wert auf seine Kleidung legt.

Sansibar empfängt mich mit Regen, mit richtigem Tropenregen, der wie eimerweise geschüttet vom Himmel fällt. Ich sehe mich schon total durchgeweicht von Bord gehen. Doch dann ist der aus dem Himmel stürzende Wasserfall plötzlich so schnell beendet, wie er begonnen hat.

Sansibar, dazugehörend die Insel Pemba, hat Autonomiestatus. Ich muss eine Grenzkontrolle durchlaufen, wie sie zwischen souveränen Nachbarstaaten üblich ist. Ein DIN A4 Blatt Papier mit vielen Fragen darauf wird mir gereicht, u. a. eine Frage zur Gelbfieberimpfung. „Na, die kann ich ja heute noch mit ruhigem Gewissen beantworten", denke ich und bleibe ganz cool.

Und gleich danach bin ich enttäuscht, dass das offenbar niemanden interessiert, zumindest nicht jetzt sofort. Mein ausgefüllter Beleg wird von einem der Grenzbeamten, ohne dass er einen Blick darauf wirft, entgegengenommen und sofort auf einem riesigen Stapel abgelegt.

Lilian und ich, wir haben uns auf Anhieb gefunden. Unübersehbar hielt sie ein riesiges Namensschild hoch; das konnte ich beim besten Willen nicht übersehen.

„Wo möchtest Du übernachten", will sie nach kurzer Begrüßung als erstes wissen, „hier in Stone Town oder an der Küste. Wenn an der Küste, dann am besten im Norden, ca. 40 km von hier entfernt, am Kendwa - Strand. Der ist einmalig. Hat kein vorgelagertes Korallenriff und einen wahnsinnsbreiten weißen Sandstrand. Allerdings müssen wir für letzteren Fall ein Taxi mieten, kostet 80,- US-Dollar für Hin- und Rückfahrt".

Ich entscheide mich für den Strand, will aber vorher noch den Sultanspalast besichtigen. „Kein Problem, dann wollen mir mal", und schon muss ich hinter Lilian fast hinterherrennen.

Den Sultanspalast erreicht man von der Anlegestelle aus „gleich um die Ecke". 1964 wurde der Sultan durch einen Aufstand gestürzt.

Danach war der Palast jahrelang für die Öffentlichkeit nicht zugänglich; seit 2000 gehört er zum Weltkulturerbe und kann als Museum für Geschichte und Kultur auf Sansibar gegen Entgelt besichtigt werden.

Davon machen wir Gebrauch. Ich erfahre, dass der Palast sich als Haus der Wunder einen Namen gemacht hat: Es war das erste Haus auf Sansibar, in dem elektrisches Licht installiert war und es hatte den ersten elektrischen Fahrstuhl in ganz Ostafrika.

Die einzelnen Museumsexponate nehme ich interessiert zur Kenntnis. Besonders aber faszinieren mich die Schriftstücke/Verträge des Sultans mit England und Deutschland im Vorfeld der Kolonialisierung.

Dass Sansibar für kurze Zeit deutsches Einflussgebiet war und im „Helgoland-Sansibar - Vertrag" Großbritannien zugesprochen wurde ist mir aus der Schule bekannt.

Aber hier die Originalverträge zu sehen, das hat schon was!.

Neu war für mich, dass Deutschland wohl unterschwellig durch Einflussnahme auf die „Opposition" versucht hatte, das Gebiet trotzdem für sich zu erhalten.

Abb. 4 Sultanspalast auf Sansibar

Als nämlich 1896 der Sultan starb und nach dem Willen der britischen Krone ein England zugeneigter Vetter von ihm, Hamud ibn Muhammad ibn Said sein Nachfolger werden sollte, erklärte sich, vom Deutschen Reich in seinem Vorhaben ermuntert, ein weiterer Vetter von ihm, Khalid bin Barghash, ein Sohn des zweiten Sultans von Sansibar, zum Nachfolger.

Kurzerhand besetzte er mit Getreuen den Palast.

Die Briten schickten als Antwort fünf Kriegsschiffe. Diese beschossen den Sultanspalast und zerstörten ihn mit hohen Verlusten für die Verteidiger fast vollständig.

Khalid bin Barghash floh in das deutsche Konsulat. Entgegen britischem Protest wurde er heimlich an Bord der SMS Seeadler auf das tansanische Festland gebracht, wo er bis zu seiner Gefangennahme durch britische Truppen im Kampf um Daressalam im Jahre 1916 die deutsche Kolonialverwaltung unterstützte[45].

Damals hat eine Kriegsschiffkanonade ausgereicht, die Geschicke eines Volkes fremd zu bestimmen. Heute erfordert das schon etwas mehr, aber, beobachte ich das aktuelle Weltgeschehen, kann ich nicht erkennen, dass die Methoden grundsätzlich andere sind.

Ein Zimmer im Palast ist der Prinzessin Salme, verheiratete Emily Ruete[46] gewidmet. Das ist faszinierend und zugleich erstaunlich für mich als Deutschen.

Lilian begleitet mich in den Norden.

Im ersten Hotel, das wir anfahren, sind mir die billigen Zimmer zu schlecht und die guten Zimmer zu teuer. Beim nächsten Anlauf, dem Sunset Bungalows, sage ich: „Top, die Wette gilt". Ich miete ein großes, helles, sauberes Zimmer mit Blick auf das Meer in der II. Etage eines zweigeschossigen Bungalows, Preis 55,- US $ für eine Übernachtung. Da Ali bei seinem Angebot an mich mit 35,- US $ kalkuliert hatte, muss ich 20,- US $ pro Nacht zuzahlen.

Lilian und ich erledigen das Geschäftliche an der Hotelrezeption gemeinsam. Dann verabschiedet sie sich und fährt mit dem Taxi, das uns hergebracht hat, zurück.

Die Klimaanlage in meinem Zimmer ist leise, überstreicht mit ihrem Luftstrom nicht die Liegefläche im Bett; somit ist keine Erkältungsgefahr durch Zugluft vorprogrammiert. Eines ist bei der vorherrschenden Temperatur aber sicher: Gebraucht wird sie, die Klimaanlage.

Allerdings: Ich habe nicht das starke Gefühl von schwülheißer, drückender Luft wie in der Gegend von Mombasa. Irgendwie ist es hier angenehmer.

---

[45] Quellenangabe zum Gesamtvorgang: Internet, siehe z. B. bei Wikipedia unter dem Stichwort "Sansibar Krieg".

[46] Detailinformationen zu dieser selbstbewussten, tapferen morgenländischen Frau u. a. im Hamburger Abendblatt vom 28.2.2009, Artikel „Die verbotene Liebe der Sansibar-Prinzessin", auch im Internet, Stichwort „Emily Ruete".

Der eigentliche Strand ist unterschiedlich 60 bis 100 Meter breit mit wunderbar feinkörnigem weißen Sand. Barfuß läuft es sich herrlich darauf. Die üblichen Sonnenschutzpilze, darunter einzelne, transportable Liegen, runden das Bild ab.

In Gedanken vergleiche ich ihn mit Stränden auf Yukatan in Mexiko und stelle viel positive Übereinstimmung fest.

In das Wasser hinein fällt der Sandbodenstrand flach ab; ca. 10 m vom Ufer entfernt ist es tief genug zum Schwimmen.

Fast durchgängig ist den Stränden in Kenia und Tansania ein Riff vorgelagert – in Kendwa nicht. Das Tiefenwasser des Ozeans kann über Ebbe und Flut hier ungehindert zu-/ abströmen --> das Badewasser ist kälter als anderswo üblich, für Tropenverhältnisse herrlich erfrischend.

In Richtung Land geht der Strand in einen knapp 100 m breiten Bereich über, wo Sand und Grasbüschel sich im Verhältnis 70 zu 30 abwechseln.

Einzelne Bäume spenden Schatten. Links und rechts am Rande des Geländes stehen unter Bäumen eingeschossige Bungalows auf Strandsandboden. Hier wohnende Urlauber fallen sozusagen gleich aus dem Bett ins Wasser, wenn sie es denn wollen. „Auch nicht schlecht", denke ich, "aber letztlich zu viel Sand gleich vor der Haustür und damit sicher auch in den Zimmern".

Aus dem unmittelbaren Strandbereich führt eine Treppe mit 15 Stufen in das Hauptbungalowgelände, eine Art Gartenanlage mit locker eingestreut stehenden ein- und zweigeschossigen Bungalows (auch meiner) auf einem bis zum Eingangsbereich leicht weiter ansteigenden Hang.

Das Dinner wird in einer Gaststätte unten am Strand serviert. Die Gäste sprechen fast durchweg Englisch, selten klingt Deutsch heraus. Lt. Reiseführer soll der Norden Tansanias eine Domäne der Italiener sein. Das kann ich bisher nicht bestätigen.

Mir gegenüber am Tisch sitzt ein Ehepaar aus Österreich. Small talk ist angesagt. Unser Gesprächsstoff ist bald zu Ende, da keiner von beiden auf meine Lieblingsthemen Gott und die Welt, große und kleine Politik, Land und Leute einsteigt. Für den nächsten Tag haben sie einen Dhau[47] - Ausflug gebucht, 30,- US $ pro Person. Morgen Abend wollen sie darüber berichten.

---

[47] Ein an den Küsten des Indischen Ozeans seit Jahrhunderten in vielen Variationen gebautes Segelschiff.

25.11.10

Strandtag, relaxen, die Seele baumeln lassen.

Ich filme, laufe 15 Minuten in diese Richtung am Strand entlang und 15 Minuten in die andere Richtung. Danach mache ich es mir zwei Stunden unter einem „Sonnenschutzpilz" am Strand auf einer Liege bequem. Am Mittag, oh!, mein Gesicht ist von der Sonne leicht verbrannt.

Damit hatte ich ja nun gar nicht gerechnet, schließlich bin ich bereits recht dunkel gebräunt - dachte ich, aber so kann man sich irren.

Dieser weiße Sand muss offensichtlich die Sonnenstrahlen so stark reflektieren, dass sie mehrfach oder verstärkt oder was weiß ich – auf jeden Fall ergebniswirksam - auf der Haut ankommen. „Wieder etwas dazugelernt", tröste ich mich und kaufe mir im nächstgelegenen Strandshop einen Sombrero.

Nachdem ich von der Terrasse meines Zimmers aus einen werbewirksamen Sonnenuntergang in den Ozean gefilmt habe, gehe ich zum Abendessen.

Tatsächlich, da sind die Österreicher. Begeistert erzählen sie vom Ausflug. Sie schwärmen von der vom Schiff angelaufenen unbewohnten Insel, vom Baden in kristallklarem Wasser und „der frisch gefangene Fisch schmeckte einfach super. Zur Nachahmung empfohlen".

3.3.4. Von Daressalam nach Mombasa

26.11.10

Pünktlich um 5:30 Uhr wartet mein Taxi vor dem Hotel; was fehlt, ist mein Lunchpaket. Das war mir bei Ankunft unter Zeugen (Lilian) nach ernsthaftem Verhandeln zugesagt worden.[48] Ich kann mich wegen der Sache nicht aufhalten und muss hungrig starten. Die Fähre wartet garantiert nicht auf mich.

Unterwegs filme ich was das Zeug hält: Riesenfisch auf Maultierkarren, alte herkömmliche und im Gegensatz dazu neu erbaute massive Häuser mit sehr ansprechender Fassade, erwachender Morgen auf Sansibar. Irgendwann wird es dem Taxifahrer zu viel. Berechtigt, wie ich anerkennen muss, macht er mich auf die Abfahrzeiten der Fähre aufmerksam und dass er ja nun mit dem Auto den Rest der Strecke nicht fliegen kann.

In Stone Town drückt mir die bereits wartende Lilian die Fährtickets in die Hand und sagt: „Also, bis zum nächsten mal. Ich hoffe Sie nehmen wieder meine Dienste in Anspruch. Dann ist es mir hoffentlich schon gelungen, mich mit eigenem Reisebüro selbständig zu machen. Für den Rest Ihrer Reise alles Gute."

Pünktlich um 7:00 Uhr sticht die Fähre in See. Lächelnd und mit verschmitztem Blick empfängt mich Ali in Daressalam. „Hakuna Matata?"[49]

Ich will meine Travellers Schecks gegen bare Münze eintauschen, damit ich Ali nach erfolgreicher Beendigung des Ausflugs an der Grenze den Rest des versprochenen Geldes geben kann. Wieder einmal ein Fall von Denkste. Wir laufen von „Pontius bis Pilatus", ehe wir nach gut einer Stunde endlich eine Bank finden, die die Schecks annimmt. Der Umtauschkurs ist katastrophal. Lehre: Travellers Schecks sind eine sichere Methode, Geld zu transportieren, aber heutzutage unter Geldkartenbedingungen nicht mehr das erste Mittel der Wahl.

Die Fahrt von Daressalam an der Küste entlang über Tanga bis zur kenianischen Grenze dehnt sich in der brütenden Hitze schier endlos. Zur Stärkung kauft Ali unterwegs Bananen, Mangofrüchte und einen Kanister Wasser. Ich hatte mir auf der Fähre Kekse gekauft.

---

[48] Quintessenz: Wenn ich bedenke, dass man auf Sansibar locker auch Zimmer für mehrere 100,- € pro Nacht mieten kann, empfehle ich das Sunset Bungalows für Otto Normalverbraucher durchaus als ernstzunehmende preisgünstige Option, sofern Otto den zu recht berühmten Kendwa-Strand als Ziel im Auge hat. Bewertungen im Internet fallen recht unterschiedlich aus, fast einhellig wird der unterdurchschnittliche Service genannt. Dem muss ich leider zustimmen.

[49] Suaheli, auf Deutsch: „Na, alles klar? Etwa noch ein Problem?"

Jegliches Hungergefühl lässt sich somit problemlos stillen, aber der Durst ist fast unerträglich, obwohl das im Kanister rapide abnehmende Wasser vorrangig in meinem Magen landet.

Während der ganzen Fahrt trinke ich etwa 3 1/2 Liter Wasser, das ich aber offensichtlich sehr schnell wieder ausschwitze. Anders ist wohl nicht zu erklären, dass ich auf der ganzen Strecke nicht ein einziges Mal pinkeln muss.

Bis Tanga dehnt sich holperfreie Asphaltstraße schier unendlich aus.

Dann aber wird es richtig haarig: Schotterstrecke durch oft urwaldartigen Waldbestand; auf der Piste Löcher, in die ein Autorad gerade wunderbar zum Stuckern hineinpasst bis zu Löchern, in die man ein ganzes Auto versenken könnte. Der Fahrer muss höllisch aufpassen.

Und es staubt, staubt, staubt,…

Ganz ungemütlich wird es, als ein Straßenbaufahr-zeug, aus einem Seitenweg kommend, sich plötzlich vor uns setzt. Es fährt schön in der Mitte der Straße.

Abb. 5 Schotterpiste hinter Tanga

In seiner Breite, Schwere und Kompaktheit wirbelt es jetzt Staub auf – dagegen war alles vorher Dagewesene das reine Nichts. Vorbeizukommen ist bei seinen Ausmaßen für uns unmöglich. So müssen wir für fast eine halbe Stunde gute Miene zum bösen Spiel machen.

Die Grenze erreichen wir gut eine Stunde nach Einbruch der Dunkelheit

Das war so nicht geplant, wir wollten eher ankommen. Jetzt rächt sich die auf der Suche nach einer Bank in Daressalam verlorene Zeit.

Ali übergibt mich an der Grenze an den schon seit 8:00 Uhr früh wartenden Taxifahrer aus Mombasa; ich überreiche Ali das vereinbarte restliche Geld plus 50,- € TiP[50].

Dann lesen sich Ali und der Taxifahrer erst einmal lautstark die Leviten. Offenbar hat die Abstimmung zwischen beiden so gar nicht geklappt. Zum Schluss einigen sie sich wohl darauf, dass die schlechte Telefonverbindung schuld ist und gehen mit Handschlag auseinander. Kurz zuvor hatte es noch wie Faustschlag ins Gesicht ausgesehen.

Die eigentliche Grenzkontrolle war dann überhaupt kein Problem. Niemand hatte sich für meine Gelbfieberimpfung interessiert.

„Und dafür hast Du nun so viel Aufwand getrieben", versucht mich innerlich jemand zu ärgern. „Besser so, als andersherum" argumentiere ich die bösartige Stimme nieder und verbiete ihr, sich nochmals in der Angelegenheit zu melden.[51]

Vom Grenzkontrollpunkt bis Mombasa geht es auf Asphaltstraße gut voran. An der mehrstöckigen Fähre in Mombasa, die von der Südküste kommende Fahrzeuge an die Nordküste übersetzt (und umgekehrt), müssen wir 25 Minuten warten.

---

[50] Trinkgeld

[51] Irgendwann, Tage später, wurde mir bewusst, dass sie dem Befehl ohne Aufzumucken gefolgt war.

3.4. Zurück im Reef-Hotel

Das sind genau 15 Minuten zu viel, um rechtzeitig zum Abendessen im Reef-Hotel zu sein. Ein Ober, den ich anspreche und meine Situation schildere, hat ein Herz und organisiert für mich eine Hähnchenkeule mit Pommes. Ich muss wohl in meiner über und über verstaubten Kleidung ziemlich hilfsbedürftig ausgesehen haben.

Ausgelaugt falle ich nach dem anschließenden Duschen ins Bett und schlafe trotz leichtem Druck im Magen sofort ein.

27.11.10

Schlecht geschlafen die Nacht, 3x pi pi gewesen und jedes Mal eine halbe Titralgan geschluckt. So mehr recht als schlecht über die Runden gekommen.

Am Morgen war wieder eine Lariam fällig, was mir bei meinem ohnehin schon flauen Gefühl im Magen gerade noch gefehlt hat. Prompt hat sich der Magen „bedankt" und mir bis zum Abend hin durch Unwohlsein ununterbrochen klarzumachen versucht, dass ich das doch bitte nicht noch einmal mit ihm machen soll.

Abb. 6 Reef-Hotel: Hauptgebäude   **Oberhalb vom Strand**

Ich ignoriere das, bade, relaxe faul am Strand und leiste es mir, nachdem ich den Preis von 2.000,- KES auf 1.500,- KES heruntergehandelt habe, mich von einer mit Prospekten werbend daherkommenden Hotelangestellten für eine Massage um 14.00 Uhr überreden zu lassen.

Und das war gut so. Fühlte mich anschließend total entspannt. Danach Mittagsruhe gemacht.

Als ich dann nach sage und schreibe drei Stunden wach geworden war, sah die Welt schon wieder anders aus - hatte leichten Durchfall, vermutlich von der Lariam.

Die wenigen verbleibenden Tagesstunden reichten gerade noch aus, Abendbrot zu essen und eine Stunde im Internet zu surfen (Preis für 30 Min. = 150,- KES).

28.11.10

Um 7:30 Uhr bin ich munter, fühle mich besser als gestern, und es ist Flut. Entscheide: Baden im Meer, dann Frühstück.

Gut gestärkt will ich Eddi anrufen, aber Eddi nimmt den Hörer nicht ab.

Zwei Stunden später ruft er zurück. „Ich war vorhin in der Kirche", erklärt er und fährt fort: „Alles klar, Abfahrt am 30.11.12 um 6:00 Uhr vom Hotel. Allerdings, der Gesamtpreis erhöht sich um 50,- €".

Ich bestätige ihm, dass ich pünktlich bereitstehen und das vertraglich abgestimmte Geld in bar „am Mann" haben werde. „Allerdings", fahre ich fort, „Die 50,- € mehr kannst Du dir abschminken."

Ich höre seine Zähne regelrecht knirschen, als er mir, nachdem ich seine daraufhin weit herbeigeholten Begründungen nicht akzeptiert habe, nachgebend bestätigt, dass er mich nun verstanden hat und sehr traurig ist.

Den Rest des Tages in der Sonne verbracht mit dem Ergebnis, dass sich mein Magen wieder bemerkbar macht. Ich prüfe meinen Blutdruck: 151 zu 83, Puls 91. „Habe ich etwa Fieber?"

Schnell greife ich zum althergebrachten Fieberthermometer und messe. Ergebnis: 39,9 Grad Celsius. Ich denke, mich tritt ein Pferd und bekomme allein schon durch das Lesen der Gradzahl fast einen Herzinfarkt. Dann, langsam, dämmert es mir.

Ich hatte die Thermometersäule vor dem jetzigen Messen nicht herunter geschlagen. Demnach repräsentieren die 39,9 Grad die höchste Temperatur, der das Thermometer in meiner Reiseapotheke während meines Tansaniaausflugs ausgesetzt war. Tiefes Durchatmen.

Ich messe erneut: 36,9 Grad C. „Na also, geht doch. Bin offenbar nach Tansania noch nicht zur Ruhe gekommen, immer noch aufgewühlt und im Denken behindert".

In aller Ruhe greife ich mir nun von mir durchgeschwitzte T-Shirts und lege sie ins Waschbecken. Das Waschbecken hat oben eine Überlauföffnung. „Na, dann wollen wir mal". Ich verschließe den Beckenabfluss mit dem bereitliegenden Stöpsel und drehe den Hahn auf. Auf diese Art will ich die Kleidung in dem Waschbecken quasi automatisch durchspülen lassen.

Dann stelle ich mich unter die Dusche. Von dort kann ich das Becken nicht einsehen - Na klar, Leser, Du weißt es schon. Als ich unter der Dusche hervorkomme, schwimmt das Bad.

Ich bin schließlich in Kenia und hätte damit rechnen müssen, dass der Überlauf verstopft ist. Das aus dem Becken plätschernde Wasser konnte ich unter der Dusche nicht hören. Glück im Unglück, zum Zimmer hin hat eine Stufe dem Wasser den Weg versperrt.

O.k., wieder etwas dazugelernt und beim Aufwischen mich sportlich betätigt. Ist schließlich auch nicht schlecht.

Am Abend Stromausfall an der Klimaanlage. „Aha, defekt." Schnurstracks eile ich zur Rezeption, um den mir für den 3.12.12 zugesagten Umzug in ein besseres Zimmer mittels geharnischter Beschwerde vorfristig zu erzwingen. Bringt leider keine Punkte, denn der Stromausfall betrifft den Stromkreis, an dem alle Klimaanlagen des Hotels hängen.

Während des Dinners mit einem Rentnerehepaar am Tisch gesessen. Er heißt John, war in Deutschland stationierter amerikanischer Soldat. Ihretwegen ist er nach seiner Entlassung aus der Armee nicht in die USA zurückgekehrt. Machen hier im Hotel acht Wochen Urlaub. Uns über Politik mehr oder weniger einvernehmlich interessant unterhalten.

Nach dem Dinner rattert meine Klimaanlage wieder wie in besten Zeiten. „Kenia live", meint die Dame an der Rezeption und zuckt die Schultern.

29.11.10

Baden vor dem Frühstück bei immer noch ausreichend tiefem Wasser, allerdings nimmt der Wasserhochstand, bezogen auf meine Schwimmgehzeit, durch das zeitliche „Rollen" der Tiden im Moment von Tag zu Tag ab.

Mit einem Fahrradtaxi lasse ich mich zum Nakumatt - Einkaufscenter fahren, um Kleinigkeiten zu kaufen, die ich auf der anstehenden Safari noch mitnehmen möchte, insbesondere Wasser und Batterien.

Fahrradtaxis sind hier im Moment der große Renner für junge Männer, um ins Dienstleistungsgeschäft einzusteigen. Mehrere warten auf Kunden vor dem Tor zum Hotelgelände.

Der von mir gewählte Begriff für das Gefährt ist leicht hochtrabend, denn eigentlich ist es ein ganz normales Fahrrad mit verstärktem, sitzgerecht gepolstertem Gepäckständer. An der Fahrradnabe sind kurze Metallstangen zum Aufsetzen der Füße angeschweißt. Der Kunde hält sich am Sattel fest. Für wenig sportliche oder für übergewichtige Personen ist das eher nichts.

Der Supermarkt Nakumatt in Mombasa ist vom reichhaltigen Angebot her weitgehend mit supergroßen Supermärkten in Deutschland vergleichbar. Ich muss aufpassen, dass ich mich nicht verirre. Modern, alles vom Feinsten und teuer. Trotzdem: Ich sehe neben den Urlaubern viele Schwarze, die hier einkaufen.

Sie heben sich in der Kleidung und in der Art sich zu geben auffällig von den offenbar weniger begüterten Menschen, die hauptsächlich das Straßenbild prägen, ab.

Die meisten Männer sind nicht gerade „dünne Strichmännchen", oft beleibt. Anders die Frauen; sie sind in der Mehrzahl schlank und rank und individuell westlich modern gekleidet.

Kurz vor 14:00 Uhr bin ich im Hotel zurück.

„Eigentlich könntest Du dir im Blick auf die bevorstehende, sicher sehr anstrengend werdende Safari jetzt noch eine Relax-Massage geben lassen. Vielleicht ist ein Termin frei? Frag einfach mal nach", überlege ich.

Es ist ein Termin frei. Um 14:30 Uhr liege ich bereits auf der Pritsche und lasse mich durchkneten.

So weit, so gut, aber: Am späten Nachmittag ist mein Magendrücken sehr stark, zeitweise nahe am Erbrechen. Mir muss etwas einfallen.

Ich rufe A. an wegen Verdachts auf Malaria, will mich beraten lassen.

„Wird schon nicht, das ist das Lariam", meint er und empfiehlt zugleich: „Solltest aber sicherheitshalber einen Arzt konsultieren und das abklären lassen, denn wenn es Malaria ist, muss so schnell wie möglich gehandelt werde. Ich hatte das bei meinem ersten Malariaanfall leichtsinnigerweise nicht getan und dadurch richtige Probleme bekommen".

Also gehe ich gegen 20:00 Uhr an die Rezeption und erkundige mich, wo ich denn einen Arzt aufsuchen kann. Der Diensthabende hört mich an, telefoniert, sagt „Alles klar, warten Sie bitte in Ihrem Zimmer. Es kann nicht lange dauern".

Tatsächlich, trotz der recht späten Stunde klopft 35 Min. später ein Arzt an meine Zimmertür. Es folgt die übliche Routineuntersuchung, so mit „Husten Sie mal", „tut es hier weh?", „tut es da weh?", „drehen Sie sich mal um", ...

Dann nimmt er Blut ab. „Morgen um 10:00 Uhr liegt das Ergebnis vor. Da Sie kein Fieber haben, wird es schon das Lariam und nicht Malaria sein, das Ihr Unwohlsein verursacht", beruhigt er mich.

„Haben Sie Bullrich Salz in Ihrer Reiseapotheke[52] ?" „Ja." „Gut, dann nehmen Sie das jetzt ein. Es müsste ihre Beschwerden lindern. Stärkere Medizin brauchen Sie mit hoher Wahrscheinlichkeit nicht".

Die Honorarforderung des Arztes in Höhe von 64,- € kann sich sehen lassen. Ein Problem ist das für mich nicht, weil ich, diesbezüglich zwischenzeitlich klug geworden, natürlich eine Reisekrankenversicherung[53] laufen habe.

Ich rufe Eddi an und bitte ihn, den für morgen angesetzten Start der Safari durch die Tsavo NPs und zum Amboseli NP auf den 1.12.12 zu verlegen. Eddi recherchiert. 45 Min. später sein Rückruf: „Alles klar".

Heute auf das Abendbrot verzichtet, nur Tee getrunken und zusätzlich eine Kanne Tee mit aufs Zimmer genommen.

30.11.10

Mir geht es wieder besser. Also à wie üblich Schwimmen und dann ab zum Frühstück. Ich mache sicherheitshalber magenschonend um das volle Buffet einen großen Bogen. Heute ist Toast mit Tee angesagt.

Anschließend muss ich nochmals zum Nakumatt. An einem der dort vor dem Eingang stehenden Bankautomaten will ich mir Bargeld für unterwegs abheben.

---

[52] Auch hier meine sehr ernst gemeinte Empfehlung: Die Reiseapotheke sollte gewissenhaft vor Fahrtantritt gemeinsam mit tropenfachkundigen Ärzten/Apothekern bzw. mit Reisenden, die einschlägige umfassende Tropenerfahrung haben, zusammengestellt werden. Auch manche Reiseführer geben dazu sehr gute Hinweise, siehe z. B. Kaube, D. E.: TANSANIA, 1. Auflage, Stefan Loose Verlag, Berlin 2008 auf Seite 63 den Vorschlag für eine Reisapotheke.

[53] Solch eine Versicherung vor Reiseantritt abzuschließen, ist, wenn die Reise in die Tropen gehen soll, so gut wie Pflicht.

Am Geldautomaten tippe ich den gewünschten Betrag ein und bestätige. Der Automat arbeitet und arbeitet und arbeitet. Nach relativ langer Zeit teilt er mir mit, dass er mir kein Geld geben kann, weil der von mir angeforderte Betrag höher ist, als ihm erlaubt ist auszuzahlen.

Und er ist absolut fair, denn er nennt mir auch die maximal mögliche Summe. „Gut, also das Ganze noch einmal".

Jetzt streikt der Automat völlig. „Mhm, vielleicht etwas falsch eingetippt?" Ich versuche es noch einmal. Der Automat weigert sich, meine Karte zu akzeptieren.

„Oh, da habe ich wohl einen Hinweis übersehen? Mal schauen." Trotz Brille auf der Nase finde ich weder am Automaten selbst noch irgendwo an der Wand eine allgemein gültige bzw. eine vorgangsbezogene Information zu dem Geschehen ausgehängt.

„Gut, gehe ich eben zum daneben stehenden Automaten einer anderen Bank."

Dieser akzeptiert meine Karte schon beim ersten Versuch nicht.

Da ist noch ein dritter Automat. Ich nehme jetzt die Geldkarte meiner zweiten Bank und, wie ich soeben gelernt habe, verlange ich nur so viel Geld, wie die beiden anderen „Schalter" gestattet hätten. Es klappt, das bringt das erhoffte Ergebnis.

„Finanziell ist die Safari nun abgesichert. Warten wir mal ab, was für Pleiten, Pech und Pannen als nächstes noch daherkommen werden", geht mir durch den Kopf, macht mich aber irgendwie nicht nervös.

Das nehme ich erstaunt, erfreut und innerlich ganz locker einfach zur Kenntnis.Das Nachdenken darüber, was passiert wäre, wenn ich nicht noch eine Geldkarte von meinem zweiten Konto in Deutschland gehabt hätte, hebe ich mir für später auf. [54]

---

[54] Das Geschehen hatte tatsächlich ein Nachspiel. Wieder zu Hause, kontrolliere ich mein Bankkonto. „Was ist denn das", stutze ich, „zwei mal jeweils der Betrag abgehoben, den ich am 30.11.12 haben wollte, der mir aber von den Automaten verweigert worden ist?" Ein paar Buchungen weiter: „O.k., o.k. da ist das Geld wieder zugebucht". „Aber hallo?" Für beide Abbuchungsvorgänge hat mir jemand [ich kann nicht erkennen, ob meine Bank oder die Bank in Kenia] jeweils 4,50 € berechnet.

Tage später lege ich bei meiner Bank Beschwerde ein, mit der Begründung, dass ich nicht bereit bin, für Fehler anderer zu bezahlen und ernte Unverständnis.

Der langen Rede kurzer Sinn: Ich habe nicht locker gelassen und tatsächlich waren eine Woche später die mir abgezogenen Kosten wieder rückgängig gemacht.

Gleich darauf sichere ich, zum Hotel zurück wieder auf einem Gepäckständer sitzend, einem Jungunternehmer weiteren Umsatz.

Gegen 10:30 Uhr rufe ich den Arzt an, der gestern mein Blut abgenommen hatte. „Sie haben keine Malaria und Ihr Blut ist auch ansonsten einwandfrei in Ordnung".

Es macht plumps in meiner Brust. „Na dann wollen wir mal morgen starten".

01.12.10

Kurz vor 6:00 Uhr steht das georderte „Safari-Auto" vor der Hoteltür. Es ist kein Jeep, so wie erwartet, es ist ein Kleintransporter mit Schiebedach, eigentlich zu groß für mich allein.[55]

An der Rezeption übergebe ich meinen Koffer zur Aufbewahrung im Hotel. Lediglich mit leichtem, speziell für die Safari zusammengestelltem Handgepäck gehe ich nach draußen.

Ich begrüße den Fahrer/Guide. Wir stellen uns gegenseitig vor. Er heißt Jeff. Dann verstauen wir gemeinsam mein Gepäck im Auto.

Verabredungsgemäß drücke ich Jeff 53.000,- KES in die Hand, und los geht es. Zwar wollte Jeff auch die restlichen 10.000,- KES, die ich als Faustpfand bis zum hoffentlich erfolgreichen Abschluss der Fahrt einbehalte, sofort haben, nur, da führte kein Weg rein.

Irgendwo unterwegs auf der Strecke zur ersten Parkeinfahrt erläutere ich Jeff mein Ziel der Safari. Jeff nickt, sagt: "Verstanden".

Wir geben uns die Hand und ich konstatiere laut: „Jetzt sind wir ein Team und werden entsprechend abgestimmt handeln".

---

[55] Ich hatte erst gestutzt, aber dann gedacht: „Auch nicht schlecht, kannst Du unterwegs gegebenenfalls gut schlafen". Wie sich auf der Fahrt herausstellte, war diese Überlegung in Anbetracht der Straßenlage weitab jeglicher Realität.

3.5. Unterwegs in drei Nationalparks

01.12.10 bis 04.12.10

Der Gliederungspunkt 3.5., als eigenständiges Buch mit dem Titel „Safaris im Minutentakt" erschienen, ist im Buchhandel erhältlich und auch im Internet z. B. beim Verlag BoD (www.bod.de/buchshop aber auch bei anderen Anbietern wie amazon, ebay, buch, buecher, libri erhältlich [erste Auflage: ISBN 9783848208722, und zweite Auflage ISBN **978-3-347-17145-9,** Preis 2. Auflage: 4,80 € für Print Paperback und 3,49 € für E-Book).

Abb. 7 „Rote" Elefanten im Tsavo Ost Nationalpark

Fotos und Filmsequenzen dazu sind, vom Autor auf einer CD / DVD zusammengefasst gespeichert, gesondert bei Dr. Burghard Zacharias[56] kostenfrei orderbar; schickt der Interessent einen Stick an Dr. Zacharias, sendet dieser den Stick, die Daten darauf kopiert, zurück.

Vom Autor auf YouTube eingestellte, u.a. bei Stichworteingabe „burghard zacharias" schnellstens zu findende Videos, runden die Textaussagen und Fotos zu den Safaris visuell ab; es sind insbesondere die Videos: „Löwen in der Serengeti", „Elefanten in Tsavo Ost".

---

[56] Burghard Zacharias, Pareyer Str. 3, 14715 Havelaue OT Gülpe, Kontaktmöglichkeiten wie Telefon und E-Mail siehe   www.burghard-zacharias.de).

3.6. Letzte Tage und keine Langeweile

3.6.1. Wieder zurück

04.12.10

Ab 09:30 Uhr geht es im Eilzugstempo in Richtung „Heimat" zurück, zum Hotel nach Mombasa; zunächst mit 90 km/h über Schotterpiste[57] und schließlich brettern wir mit 110 km/h über mehr oder weniger gute Asphaltstraße dahin.

Nach Ausfahrt aus dem Nationalpark sind wir immer noch in einem sogenannten National Resort[58]. Kein Ackerbau. Manchmal sieht man mehr oder weniger nah Behausungen der hier lebenden Massai, Männer in ihrer typischen roten Kleidung und mit Speer in der Hand, Kinder, Büffel, Giraffen, Kuhherden, Polizeistationen.

Irgendwann wechseln wir auf eine breitere, schlaglochfreie Asphaltstraße. Offensichtlich sind wir nun aus dem Naturschutzgebiet heraus, denn deutlich erkennbar ist, dass hier neben Viehzucht auch Ackerbau betrieben wird.

15:32 Uhr Ankunft im Hotel. Ich bezahle die restlichen 10.000,- KES und bedanke mich bei Jeff mit einem TIP von 5.000,- KES. Er ist damit sehr zufrieden. Wir vereinbaren, dass er im Kreise einheimischer Guides recherchieren will, ob sie eine Chance sehen, „Vision Kilimanjaro" quasi so nebenbei auf Provisionsbasis zu vermarkten. Wenn ja, sendet er mir eine E-Mail.

Der Rest ist schnell erzählt: Einchecken im Hotel, duschen, Mittagsruhe, Abendbrot, erster Erfahrungsaustausch zur Safari mit einem Urlauberpaar, das ich bereits vor meinem Safaristart hier kennengelernt hatte, gegen 22:30 Uhr Nachtruhe.

Nachtrag: Habe vorhin ein besseres Zimmer als vor der Safari zugewiesen bekommen; 1. Etage, Meeresblick, renoviert und dementsprechend nicht so keimig wie das mir bei meiner ersten Ankunft zugewiesene abgewohnte Zimmer im dunklen Erdgeschoss. Meine Erklärung, dass ich das Reef – Hotel in meinem Reisetagebuch objektiv bewerten werde, hat Wirkung gezeigt!

Wermutstropfen: Die Klimaanlage bläst direkt über das Bett hinweg. Bei heruntergelassenem Moskitonetz ist der Luftzug jedoch zu ertragen.

---

[57] Im Nationalpark waren auf solch einer Strecke je nach erwartetem Wildbestand 40 km/h bzw. 60 km/h zugelassen.

[58] Kein Nationalpark aber immerhin noch Naturschutzgebiet.

Das übliche Morgenritual mit Schwimmen und Frühstück. Danach ein kleines Tischtennisturnier mit U. und K. (einem Paar aus Deutschland) und drei einheimischen Hotelangestellten. U. siegt und ich belege einen guten 4. Platz, smile. Egal, letztlich zählt: Ideal, um in den Spielpausen lebensnahe „Kenia-Informationen" zwischen „Schwarz und Weiß" austauschen zu können.

3.6.2. Cappuccinokinder

Schlendere am Strand entlang, um ein „Mitbringsel" für die Familie zu besorgen, die in meiner Abwesenheit mein Haus in Deutschland betreut. Eine kunstvoll geschnitzte Holzmaske gefällt mir auf Anhieb; verhandle hartnäckig einen guten Preis dafür und kaufe.

Werde am Strand mehrfach zur Massage in dafür aufgestellte Zelte eingeladen. In ein Zelt schaue ich hinein. Liege und Handtücher machen einen schmuddeligen Eindruck. „Niemals legst du dich auf so etwas hin", entscheide ich, „selbst wenn es hier ein wenig preisgünstiger ist als die Massage im Hotel".

Zweimal erkläre ich testhalber: „Ich will keine Massage, ich will Sex". Das erste Mal: Fehlanzeige. Beim zweiten Versuch wird mir beschieden, ich soll doch einen Moment warten, gleich wird eine Frau hier sein, man müsse nur kurz anrufen. Ich weiß, was ich wissen will und gehe weiter.

Kurz danach komme ich mit einer ausgesprochen attraktiven jungen Schwarzen ins Gespräch. „Ja", sagt sie, „so ist das eben. Sex ist hier kein Problem und irgendwie hoffen viele Frauen, sich auf diesem Wege einen Mann angeln können, ein Boot sozusagen, das sie heiratet und mit nach Europa nimmt". Unumwunden fügt sie hinzu, dass auch sie ernsthaft nach einem männlichen Fährschiff, an das sie sich anketten kann, Ausschau hält. „Allerdings", vervollständigt sie und stellt sich in Positur, „ich wähle dabei sehr wohl aus. Schließlich kann ich ja auch was bieten."

„Und", ergänzt sie, „ich möchte Cappuccinokinder haben. Die sind doch etwas Extravagantes".

3.6.3. Hotelimpressionen

Bevor ich losgegangen war, hatte ich an der Rezeption gebeten, dass ein Monteur meine Klimaanlage unter die Lupe nimmt, da sie lediglich als Ventilator arbeitet. Jetzt, wo ich zurückkomme, ist tatsächlich jemand am Werkeln. Erfolglos, wie sich herausstellt. Bei seinem Abgang vertröstet mich der Monteur auf morgen.

Erfolgreicher war offenbar ein Kollege von ihm gewesen, der in der Zeit meines Strandausfluges meine Zimmertür reparieren sollte. Das Sicherheitsschloss hatte gelegentlich gehakt. Ich musste oft meinen ganzen Scharm einsetzen um *die* Tür zu bewegen, dass sie sich bewegt. Jetzt flutscht das wie geschmiert.

U. und K., deren Urlaub heute endet, treffe ich beim Abendbrot. Sie wirken irgendwie angespannt. Mein Gesichtsausdruck fragt: „Mhm??" „Unser Flug verschiebt sich etwas wegen schlechten Wetters in Berlin. Wir werden nachher zur Umleitung über Amsterdam abgeholt". Um 21:15 Uhr schließlich steht fest: Nichts geht heute mehr. Neuer Abflugtermin für U. und K. ist morgen, 11:30 Uhr. Jetzt brauchen beide ein Zimmer.

Ich will helfen und über Internet preisgünstig buchen. Denke dabei an den Zimmerpreis, den ich bezahlt habe: 37,- €. Der PC macht mir klar, dass das nur spätestens zwei Tage vor gewünschtem Einchecktermin ins Hotel geht. O.k., das hatte ich gewusst (siehe 16.11.10), aber man darf ja wohl testen, ob es eine Ausnahme gibt? Gab es nicht.

Wohl oder übel muss das Ehepaar nun vor Ort ein Zimmer für einen Preis von 135.- Euro pro Nacht ordern.

Und wieder gibt es Trouble. Das Paar soll das Zimmer sofort bezahlen. Heutiges Abendessen, morgiges Frühstück und den in der gesamten Zeit der Anwesenheit aufgelaufenen Betrag für Getränke und Sonstiges können sie morgen, so wie ursprünglich für heute geplant, mit Kreditkarte begleichen. „Da zieht mir ja die Bank gleich einmal für zwei Auslandsbezahlungen Kosten ab", überlegt U. und erklärt: „Nichts ist, ich bezahle morgen alles zusammen". Geraune an der Rezeption, diverse Telefonate und dann die Entscheidung: „Nein, das Zimmer muss vorab bezahlt werden. Punkt".

Ich nehme U., der mittlerweile ganz erregt argumentiert, zur Seite, hole „Vision Kilimanjaro" aus dem Zimmer, halte es dem inzwischen hinzugekommenen höheren Chef unter die Nase und frage ihn, ob er denn ernsthaft will, dass ich diesen schlechten Service in der überarbeiteten Fassung meines Buches zur Gästeabschreckung ausdrücklich herausstelle. Das zeigt tatsächlich Wirkung – U. braucht erst morgen zu bezahlen.

3.6.4. Projekt Maismühle

Beim Frühstück treffe ich auf Gerd und Iris. Sie sitzen mit John am Tisch und beratschlagen. Man sieht förmlich, wie die Köpfe rauchen.

Gerd und Iris haben einem jungen aktiven Kenianer, den sie bereits vor Jahren kennen gelernt hatten und den sie sehr schätzen, eine Maismühle gesponsert - sie hatten eigenes Geld beigesteuert und finanzielle Unterstützer[59] in Deutschland aktiviert. Den Dank siehe Anlage 5.4.

Doch der Reihe nach:

Der Kenianer, um den es hier geht, hatte eine recht gut bezahlte Festanstellung bei einem europäischen Reiseunternehmen gehabt. Mit dem Konkurs des Unternehmens war er arbeitslos geworden. Jetzt will er unabhängig sein, will sich als Jungunternehmer auf eigene Füße stellen. Mit Gerd und Iris hatte er Varianten diskutiert und letztendlich das Betreiben einer Maismühle favorisiert.

Abb. 8 Maismühle

Die Mühle soll 40 km von hier entfernt auf dem Lande stehen, dort wo er zu Hause ist, und für die Leute aus der Umgebung gegen Entgelt deren Mais mahlen.

---

[59] Auch ich war sofort begeistert, als Gerd mir das Projekt erläuterte und hatte mich in die Spendenliste mit einem kleinen Betrag eingetragen. Dabei standen mir eigene geschichtliche Wurzeln vor den Augen. Mein Urgroßvater hatte sich in den Gründerjahren nach 1871 mit einer neuen Windmühle und einer Bäckerei selbständig gemacht. In dem von ihm erbauten, bis heute stehenden Haus bin ich geboren. Das weckte vergleichende Emotionen.

Alles scheint geklärt. Das Aufstellen der Maismühle wird bei einer Firma in Mombasa in Auftrag gegeben. Ein eigenes Haus extra für die Mühle errichtet, zuerst das Mahlwerk geliefert und einige Zeit später der Motor.

Ja, und dann passt der Motor nicht zum Mahlwerk.

Der Abreisetag von Gerd und Iris ist festgelegt. Sie wollen zuvor die Maismühle in Aktion sehen. Logisch.

Wo bekommt man nun schnell einen neuen Motor her? Die Firma, der Gerd den Auftrag zum Aufbau der Mühle erteilt hat, hat es nicht eilig. Warum auch, bezahlt ist schließlich alles?!

Ich schlage vor, A., den Sohn der Rüstige Rentnerin in Kilifi, mit einzubeziehen. „A. lebt schon viele Jahre in Kenia. Er ist ein bulliger Typ, fährt eine Harley Davidson – noch Fragen? Die Butter lässt er sich nicht vom Brot nehmen. Wenn ich ihn recht verstanden habe, übersieht er gut, was in Kenia so abläuft. Vielleicht hat er eine Idee, wie man mit etwas finanzieller Unterstützung die Polizei in die Projektförderung einbeziehen kann."

Gesagt, getan. Wir rufen A. an. Auf die Schnelle fällt ihm leider auch nichts Handfestes dazu ein. Er erklärt aber seine Bereitschaft, gemeinsam mit Gerd und John an die projektverantwortliche Firma heranzutreten und ggf. vor Ort steuernd mitzuwirken.

Gerd nimmt das Angebot dankend an, entscheidet dann jedoch, zunächst erst einmal allein mit John die Sache am Firmensitz mit dem Chef der „Problemfirma" zu analysieren, mit ihm Klartext zu reden und nach Lösungsmöglichkeiten zu suchen.

Das hat letztlich den Durchbruch erzielt. Die Mühle ist einen Tag vor Abreise von Gerd und Iris in Betrieb genommen worden.[60]

---

[60] Für Interessenten, die auf ähnliche Ideen wie Gerd und Iris bereits gekommen, aber den entscheidenden Schritt zur Umsetzung noch nicht gegangen sind, oder die angeregt durch das Lesen meiner Ausführungen an etwas Vergleichbares denken oder sich ggf. mit Spenden zur Aufrechterhaltung des Maismühlenprojektes [sofern es zukünftig Schwierigkeiten bisher unbekannter Art geben sollte] beteiligen wollen, folgende Informationen:
- Kontaktaufnahme zu Gerd und Iris, Tel.: 07154/156228 bzw. E-Mail vip@bloberg.com.
- Es existiert eine DVD, die das Projekt Maismühle begleitendes Filmmaterial plus Fotos enthält und u. a. den Bau des Gebäudes, in dem die Maismühle steht, vom ersten Spatenstich an bis zur Fertigstellung dokumentiert. Es ist fantastisch mitzuverfolgen, wie ein Haus in altafrikanischem Baustil „aus dem Boden wächst und zur Blüte gebracht" wird.

Die DVD ist über Gerd und Iris (siehe oben) oder über www.burghard-zacharias.de erhältlich.

3.6.5. Hotelimpressionen –Fortsetzung und Schluss

Als ich mich zur Mittagspause zurückziehen will, stelle ich fest: Die gestern beanstandete Klimaanlage ist noch nicht repariert. Ich gehe zur Rezeption, um Bescheid zu sagen und füge hinzu, dass ich, wenn das so schnell nicht gehen sollte, bereit bin, nochmals umzuziehen.

Die heute Dienst habende Frau an der Rezeption hatte ich noch nie gesehen und sie kennt mich dementsprechend auch nicht. Lauthals lacht sie los, als ich meine Ausführungen vortrage. „Ein neues Zimmer, ja, das ist gut. Wo gibt es denn so etwas? Der Handwerker wird schon irgendwann kommen. Pole, pole".

Das herzliche Lachen hört im Raum hinter der Rezeption der Mann, mit dem ich gestern diese Angelegenheit, inklusive Verweis auf „Vision Kilimanjaro" besprochen hatte. Er erscheint, und, hast Du nicht gesehen, im Handumdrehen habe ich mit vielfach ausgesprochener Entschuldigung seitens des Hotels den Schlüssel für ein neues Zimmer in der Hand.

Das Zimmer ist nun richtig gut – ruhige Lage, groß, ganz frisch renoviert, dritte Etage mit bestem Meerblick.

„Ja, ja", höre ich am Abendbrottisch, als ich die Sache zum Besten gebe, „da hast Du dich also nun richtiggehend von unten nach oben hochgearbeitet".

Zwei der mit mir am Tisch sitzenden Urlauber berichten positiv angetan von einem Tagesausflug, den sie heute auf einem Boot unternommen hatten, berichten von Delphinen, vom Schnorcheln an einem Riff und etlichen Fischen, die sie gesehen haben und empfehlen die Tour.

„Nicht für mich", stelle ich innerlich fest, „nachdem was Du hier hörst, hast Du in Dahab in Ägypten[61] schönere Riffe und wesentlich mehr und vielfältigere Fische gesehen, nun ja, und frei lebenden Delphinen konntest Du in Mexiko in stattlicher Anzahl guten Tag sagen[62]".

Allerdings, ich erinnerte mich, mir war es bei einem ähnlichen Ausflug wie soeben beschrieben, nicht anders ergangen[63]. Meine Empfehlung in „Vision Kilimanjaro" sehe ich mit dem heutigen Bericht der beiden Urlauber aktuell bestä-

---

[61] Auf Sinai im Golf von Akaba.

[62] By the way: Nicht nur Delphinen. Dort bin ich, ganz spektakulär von Walhaien umgeben, geschnorchelt.

[63] In „Vision Kilimanjaro", Seiten 29-31, habe ich dazu, ebenfalls begeistert, ausführlich berichtet.

tigt, also, ein Ausflug zum Korallenriff hat in Kenia für den, der so etwas zum ersten Mal macht, immer seine Reize.

Später dann, im Internetraum, ist wieder einmal eine ausgesprochen langsame Verbindung angesagt, aber nur bei T-Online – Nutzung. T-Online hat offensichtlich einiges an seinem E-Mail - Internetzugang geändert/modernisiert. Es müssen angepasste, ergänzende Systemkomponenten aus dem Internet auf den Nutzer-PCs nachgeladen werden. Darauf weise ich den gerade anwesenden Systemoperator hin, und wir klären ab, wann er das tun wird.

Wir kommen darüber hinaus ins Gespräch. Ich öffne zur Erläuterung die Webseite[64] der PC POINT Computer- und Datendienst GmbH. „Eine Firma in Deutschland, und Sie sind der Geschäftsführer?!!!, haben Sie einen Job für mich?", ist seine spontane Reaktion.

Er will wissen, mit welcher Software ich meine Videos und DVDs erstellt habe. Ich öffne sie auf meinem Notebook und biete ihm an, ihn in die Software einzuweisen. Mehrfach dankend geht er darauf ein. Im Gegenzug darf ich ab sofort den nur für den Systemverantwortlichen zugänglichen schnellen PC so oft ich will nutzen, und das auch noch unentgeltlich.

08.12.10

8:00 Uhr raus aus dem hart gefederten Bett; die absolut neue Matratze stellt sich als Nachteil heraus.

Den Tag am Strand verbracht. Um 16:00 Uhr letzte Massage bei Naomi im Hotel.

Schwatze mit ihr über dies und das. Naomi erzählt mir, Absicht?, von einem Restaurant, wo man hervorragend auf einheimische Art essen kann. Ich nehme die indirekte Aufforderung an und lade sie für gleich nach ihrem Dienst zum Essen dorthin ein. Natürlich, sie sagt nicht nein.

Das Essen war dann nicht gerade ein Flop, aber andere Gerichte als in den normalerweise für Touristen ausgerichteten Restaurants gab es auch nicht. Lediglich Messer und Gabel fehlten; konnte man aber nachbestellen.

Allerdings, interessant war während des Essens, in aller Ruhe aus der Sicht einer aufgeklärten, und wie sich herausstellte ausgesprochen informierten Kenianerin, über Kenia, über Wirtschaftsverhältnisse und ihre Auswirkungen auf die

---

[64] www.pc-point-guelpe.de , ist seit dem 01.07.2020 abgeschaltet.

Menschen und – das ergab sich fast von selbst – über Ursachen und Auswirkungen des Sextourismus in Kenia aufgeklärt zu werden.

Einzelheiten hierzu würden in ihrer Fülle und Komplexität den Rahmen dieses Buches sprengen.

Auf jeden Fall aber kann ich einem nicht nur an Sonne und Wellen, sondern auch an „Land und Leute" interessierten Pauschaltourismus - Urlauber nur empfehlen, die Gelegenheit zu solch einem Gespräch wahrzunehmen, wenn sie sich denn bietet.

09.12.10

Gleich früh ein Blick ins Internet, ob mein geplanter Abflugtermin noch steht. Er steht.

Dahintändelnd, innerlich von Kenia Abschied nehmend, den Tag am Strand verbracht.

Kurz bevor ich um 23:55 Uhr ins Bett gehe, überprüfe ich im Internet sicherheitshalber den Abflugtermin. Keine Verschiebung.

So, und jetzt will ich schlafen, morgen muss ich früh raus.

10.12.10

Um 01:05 Uhr weckt mich das Klingeln einer eingehenden SMS. Meine Tochter teilt mir mit, dass nicht sie, wie bei meiner Abreise abgestimmt, sondern ihr Lebensgefährte mir bei Ankunft in Berlin das Auto zum Flughafen bringen wird, und sie fragt an, ob ich denn wohl pünktlich erscheinen werde.

Klare Antwort von mir: Danke, ja.

Als ich gerade wieder am Einschlafen bin, erreicht mich ein Anruf der Rezeption: „Wir haben soeben von Ihrem Reiseveranstalter die Nachricht erhalten, dass sich Ihr Abflugtermin morgen auf 11:50 Uhr verspätet.

Sicherheitshalber überprüfe ich das im Internet: Stimmt. Dazu musste ich raus aus dem Bett und in den Internetraum gehen. Jetzt bin ich putzmunter.

Dann störe ich den Taxifahrer, mit dem ich meine Anfahrt zum Flughafen bereits Tage zuvor vereinbart hatte in seiner Nachtruhe, indem ich ihm per Telefon die Verlegung mitteile. Wir vereinbaren 09:00 Uhr als neuen Abholtermin. Auch meine Tochter informiere ich über die voraussichtlich neue Ankunftszeit.

Irgendwann am frühen Morgen schlafe ich ein.

Am Frühstückstisch treffe ich bekannte Gesichter, von denen ich mich gestern schon verabschiedet hatte. Lächeln, schmunzeln, „Hallo, da bist Du ja wieder, haben wir Dir das eingedenk U. und K. nicht gestern schon prophezeit, was ist denn los?" Na und so weiter, und so weiter.

Nach nochmaliger Überprüfung im Internet eine SMS an meine Tochter: „Alles klar, der neue Termin steht".

Gehe zur Kasse, meine Endabrechnung zu bezahlen. Die gegengezeichneten Quittungen für genutzte Einzelleistungen lasse ich mir aushändigen und rechne nach. Sieh an, da will doch das Hotel von mir 2.010 KES zu viel haben.

Die Buchhaltung des Hotels hat die von meinem Nachfolger in dem ursprünglich mir zugewiesenen und dann von mir wegen defekter Klimaanlage aufgegebenen Zimmer in Anspruch genommenen Leistungen doch glatt mir zugeordnet. Die Sachlage ist an Hand der Unterschriften eindeutig. Der Kassierer akzeptiert sofort und gibt mir den zu viel bezahlten Betrag anstandslos zurück.

Es ist 08:55 Uhr; die Quecksilbersäule am Hoteleingang zeigt plus 34 Grad Celsius.

Das Taxi ist pünktlich, das Flugzeug fliegt verspätet pünktlich, meiner Tochter Lebensgefährte bringt in Berlin wegen „eingeschneit" das Auto 40 Minuten verspätet zum Flughafen[65], und ich fahre gleich nach Übernahme des Autos im Schneetreiben nach Hause.

Die Quecksilbersäule am Haus Pareyer Str. 3 in Gülpe zeigt minus 6 Grad Celsius. Mir ist nicht kalt; ich bin heiß auf das verinnerlichende Verarbeiten der Erlebnisse.

Mein starker Wunsch für von mir ermutigte Leser lautet: „Viel Freude und viele erlebnisreiche Stunden im ersten ??? / im nächsten Schwarzafrika-Urlaub"!!!!

---

[65] Da haben wir es doch: Auch das Leben in Deutschland hat seine Tücken.

63

4. Zusammenfassung

Kenia:

Seit meinem ersten Aufenthalt in Ostafrika vor zehn Jahren hat sich in Kenia so gut wie nichts geändert. „Arm" und „Reich" fallen nach wie vor deutlich ins Auge.

Jedoch: Der technische Fortschritt in Bezug auf Autos, Fernseher und vor allem Handys ist unübersehbar.

Die Hoffnung vieler kenianischer Frauen/Männer, über eine Heirat mit einer Person aus Europa die Chance zu haben, aus armen Verhältnissen herauszukommen, ist ungebrochen. Dementsprechend ist Sextourismus vor allem europäischer Männer aber teilweise auch Frauen wie vor zehn Jahren gang und gäbe. Überall im Land fallen entsprechende Partnerschaften auf.

Die Kriminalitätsrate, speziell Diebstahl, soll immer noch sehr hoch sein. Weiße werden wie vor zehn Jahren insbesondere von dem superarmen Bevölkerungsanteil als auszunehmende „Muzungus" betrachtet. Jedem Urlauber ist äußerste Vorsicht anzuraten, vor allem wenn er sich allein „unters Volk" mischt.

Resümee: Alle von mir in „Vision Kilimanjaro" zu Kenia beschriebenen Ereignisse könnten genau so noch heute passieren.

Tansania:

Tansania ist von einem 2001 weitgehend sozialistisch geprägten Land deutlich in der kapitalistischen Marktwirtschaft angekommen. Der technische Fortschritt ist wie in Kenia unverkennbar.

Meine wenigen Aufenthaltstage reichen nicht aus zu bewerten, inwieweit das für die Wirtschaft und das Leben in Tansania positiv oder negativ ist. Dass die Preise in Tansania enorm angestiegen sind, ist allerdings ganz offensichtlich (*siehe auch Fußnote 67 unten auf der folgenden Seite*).

Prostitution war 2001 so gut wie out. Das hat sich nach mir in Gesprächen gegebenen Informationen in der Zwischenzeit geändert. Direkt aufgefallen ist mir 2010 offensichtliche Prostitution im Gegensatz zu Kenia allerdings nicht.

Die heute am Rande der Großstädte lebende Bevölkerung muss hart ums Überleben kämpfen. Da ist es für einen Hungernden eben kein Verbrechen, dem aus seiner Sicht „reichen weißen Ausplünderer Afrikas", dem Muzungu, von seinem vielen Geld etwas wegzunehmen. Diebstahl/Raub ist angesagt, nicht jedoch mit aller Konsequenz über Mord/Totschlag angestrebt.

Dementsprechend soll nach allem was ich vor Ort von Insidern efahren habe gegenwärtig in Tansania Vorsicht geboten[66] sein.

In aktuellen einschlägigen Reiseführern wird abhängig von unterschiedlichen Faktoren diesbezüglich mehr oder weniger ausdrücklich gewarnt.

Schlussfolgerung:

Auch heute noch ist „Vision Kilimanjaro" die ideale Ergänzung zu üblichen aktuellen Reiseführern; für Newcomer-Individualreisende fast ein Muss. Das gilt speziell dann, wenn man sich vor der Reise auf Land und Leute einstellen und während der Reise gegen unliebsame Überraschungen gut gewappnet sein will.

Alle in „Vision Kilimanjaro" ausgewiesenen Preise sind überholt, sind zwischenzeitlich wesentlich gestiegen[67]. Jeder, der eine Reise nach Ostafrika plant, muss sich tagaktuell, am besten über das Internet, informieren !!!

Eines aber gilt heute wie vor zehn Jahren: Safaris bucht man wesentlich preisgünstiger vor Ort[68] als über Reiseveranstalter in Deutschland. Das Risiko, dabei einen Flop zu landen, ist gegeben, jedoch gering, wenn man denn vorsichtig und überlegt herangeht. Natürlich: Der Aufwand ist wesentlich größer.

---

[66] In „Vision Kilimanjaro", Datum 26.01.01, Beschriebenes weist auf eine der Randbedingungen dafür hin: Im Jahre 2001 durfte im Unterschied zu heute nur in der Stadt wohnen, wer Arbeit hatte. Wer die Arbeit verlor, musste ins Dorf zurück, woher er gekommen war und wo er sich ernähren konnte. Es gab keine Slums an der Peripherie einer Stadt und demzufolge keinen aus der Notwendigkeit zu überleben erwachsenden Grund kriminell zu werden.

[67] Beispiele: Ein Tag Aufenthalt im Mt. Kenia Nationalpark kostete lt. Internet für erwachsene Ausländer im Jahre 2011   55,- US $ gegenüber den von mir bezahlten 15,- US $ im Jahre 2001 (siehe „Vision Kilimanjaro", Seite 41).

Für einen Tag Aufenthalt im Kilimanjaro NP habe ich 2001 50,- US $ bezahlt. Im Jahre 2011 betrug der Satz lt. Internet 60,- US $ pro Tag. Rechnet man dazu im Jahre 2011 fällige Hüttengebühr, Geld für Guide, Träger und Koch sowie Verpflegung und Bergrettungsgebühr in Höhe von insgesamt etwa 120,- US $ pro Tag hinzu, ist sofort klar, dass die von mir für meinen 5-tägigen Kilimanjaroaufstieg insgesamt bezahlten 665,- US $ (siehe „Vision Kilimanjaro", Seite 37) dagegen Peanuts sind.

[68] Aus eigener guter Erfahrung heraus erlaube ich mir, jetzt und hier ausdrücklich **www.hotsunsafaris.com** zu empfehlen. Und wenn Sie sich dort bei Ali (Ally Nasoro, https://hotsunsafaris.com/our-team/) auf mich berufen, wird er ein Kulanz-Angebot machen; das hat er mir in die Hand versprochen. Gern füge ich hinzu: Mir gegenüber hat Ali als Guide und Unternehmer kein Versprechen gebrochen, war er ausnahmslos verlässlich.

Anlagen

4.1. Betreffs Gelbfieber- Ärztlich bescheinigtes Dokument

Excemption Certificate

This to confirm that

Mr. / Mrs. / Ms. *Dr. Burghard Zacharias*

born at *12. 11. 1941* in *Gülpe*

Nationality *Deutsch*

has not been vaccinated against **yellow fever** for medical reasons.

Vaccination is not possible due to present health conditions without endangering patient's life.

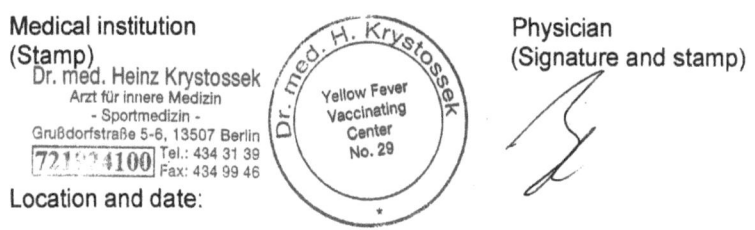

Medical institution
(Stamp)
Dr. med. Heinz Krystossek
Arzt für innere Medizin
- Sportmedizin -
Grußdorfstraße 5-6, 13507 Berlin
721⬚⬚4100 Tel.: 434 31 39
Fax: 434 99 46
Location and date:

Yellow Fever
Vaccinating
Center
No. 29

Physician
(Signature and stamp)

Abb. 9 Betreffs Gelbfieber – Ärztlich bescheinigtes Dokument

4.2. „Vertrag" über Tansania – Trip

Der Kontrakt enthält die Eckdaten zum Leistungsumfang: Was an welchen Tagen, Kategorie der Hotels, Fahrzeug, An-/Abfahrtzeiten, Guide/Fahrer, Preise.

So unansehlich das Papier auch ausschaut - Ali und ich waren, ohne lange diskutieren zu müssen, jeden Abend in der Lage, auf Vertragsbasis die einzelnen Schritte für den nächsten Tag abzustimmen, und es war klar, wann welche Bezahlung nach welcher erfüllten Voraussetzung zu erfolgen hat.

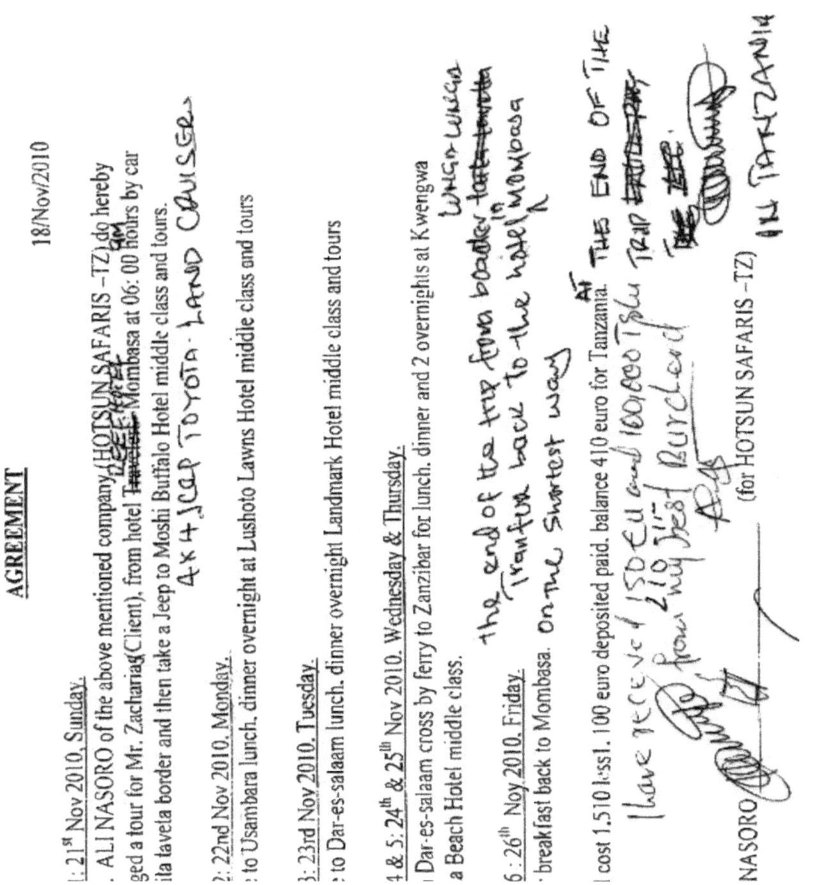

AGREEMENT   18/Nov/2010

1: 21st Nov 2010, Sunday.
- ALI NASORO of the above mentioned company (HOTSUN SAFARIS –TZ) do hereby
ged a tour for Mr. Zacharias(Client), from hotel Travellers Mombasa at 06: 00 hours by car
ila tavela border and then take a Jeep to Moshi Buffalo Hotel middle class and tours.
  4x4 JEEP TOYOTA LAND CRUISER

2: 22nd Nov 2010, Monday.
to Usambara lunch, dinner overnight at Lushoto Lawns Hotel middle class and tours

3: 23rd Nov 2010, Tuesday.
to Dar-es-salaam lunch, dinner overnight Landmark Hotel middle class and tours

4 & 5: 24th & 25th Nov 2010, Wednesday & Thursday.
Dar-es-salaam cross by ferry to Zanzibar for lunch, dinner and 2 overnights at Kwengwa a Beach Hotel middle class.

6: 26th Nov 2010, Friday.
breakfast back to Mombasa.

cost 1,510 l-ss1,100 euro deposited paid. balance 410 euro for Tanzania.

the end of the trip from border to border, from/to the hotel Mombasa on the shortest way. At THE END OF THE TRIP IN TANZANIA

I have received 150 Eu and 100,000 Tsh and 210 Tsh from my best purchased

NASORO (signature)   (for HOTSUN SAFARIS –TZ)

Abb. 10 „Vertrag" über Tansania-Trip

69

4.3. Beispielgrafik „Safaris im Minutentakt"

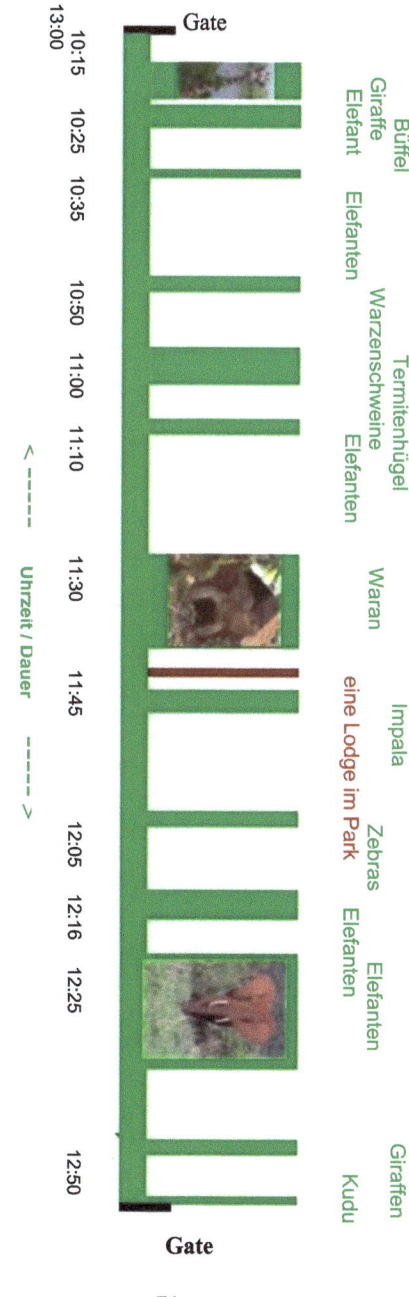

In „Safaris im Minutentakt" berichte ich in minutengenauer Auflistung der Geschehnisse über von mir im Dez./2010 in Kenia unternommene Safaris durch die Nationalparks Tsavo Ost, Tsavo West und Amboseli sowie über eine im Jan./2001 realisierte Safari in Tansania durch den Ngorongoro Krater. Den Text ergänzen Grafiken gemäß Abb. 11.

Die zeitablaufsgerechte visuelle Darstellung lässt anschaulich erkennen, dass die ereignislose Fahrt-/Wartezeit einer Safari den Zeitumfang, in dem Tiere zu sehen sind, deutlich überschreitet; im vorliegenden Beispiel etwa im Verhältnis 2:1. Bei den anderen Safaris war dieses Verhältnis noch größer, etwa 4:1 bis 5:1. Ah, ja?!!

Gate

10:00 · 10:15 · 10:25 · 10:35 · 10:50 · 11:00 · 11:10 · 11:30 · 11:45 · 12:05 · 12:16 · 12:25 · 12:50

< ------ Uhrzeit / Dauer ------ >

Büffel · Giraffe · Elefant — Elefanten

Termitenhügel · Warzenschweine — Elefanten

Waran — eine Lodge im Park

Impala · Zebras — Elefanten

Giraffen · Kudu

Gate

Abb. 11 Ein Vormittag im NP **Tsavo Ost**

71

4.4. Danksagung für Maismühle

12/12/2010

PROJECT - Posho mill AFRICA KENYA

Ref - GERD AND IRISH

From the buttom of my heart And very deep in my mind, Please with open hearts receive many thanks from me and my family for your donation towards my Posho mill project

Thanks Once More the above named people are very strong, hardworking intelligent good minds and gives true promises Not a joke It's really hard to make a project in Africa mostly Kenya. They Manage and now the Project is Complete.

If it were not you my friends from Germany. I would not have been succeeded I promise to work hard to multiply the Capital and have a succesful business.

Thanks Once More and May God bless you all. Amen.

With Thanks
Changa

Abb. 12 Dank für Maismühle

73

4.5. Reiseetappen

Dez./2000 – Febr./2001

1 Stadtrundfahrt Nairobi
2 Besichtigung Mombasa
3 Besteigung Mt. Kenia
4 Ausflug Malindi
5 Moshi und Urwald bei Moshi
6 Arusha NP
7 Kilimanjaro Aufstieg
8 Serengeti NP und Ngorongoro

Nov./2010 – Dez./2010

1 Wechsel Kilifi / Mombasa
2 Stadt Moshi
3 Lushoto, Daressalam
Sansibar: StoneTown, Strand
4 Leben im Hotel
5 Safari Tsavo Ost NP
Safari Tsavo West NP
Safari Amboseli NP

(NP = Nationalpark)

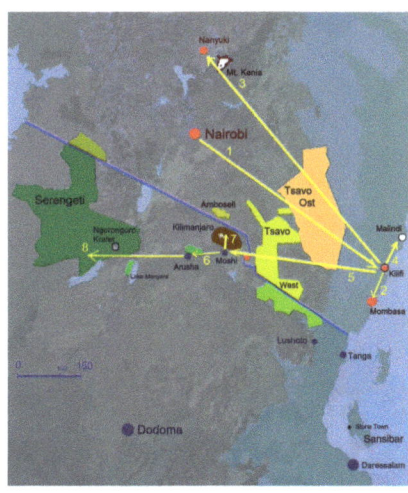

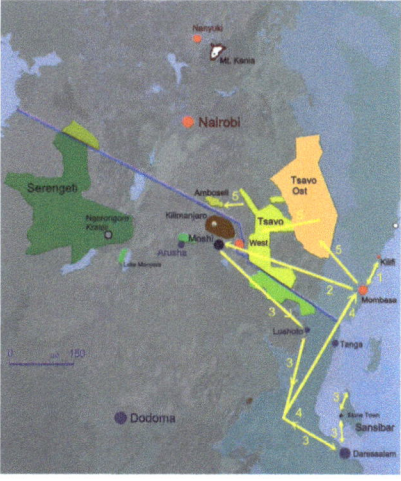

Dez./2000 – Febr./2001   Nov./2010 – Dez./2010

Notizen des Lesers:

Zeitfracht Medien GmbH
Ferdinand-Jühlke-Straße 7
99095 Erfurt, Deutschland
produktsicherheit@kolibri360.de